KB265951

역사 선생님이 들려주는

세계사
맞수 열전

1

역사 선생님이 들려주는

세계사 맞수 열전 1

세계 역사 속 서로 닮은 듯
서로 다른 위인들의
한판 대결

글 송치중, 민예은, 여의주, 오성찬, 이은홍, 이춘산, 전세원, 황도영
그림 김상민 | 감수 역사교과서연구소

북멘토

▶▶ 추천사

EBS에서 18년을 강의하며 항상 '어떻게 하면 역사를 재미나게 알려 줄 수 있을까?'를 고민해 왔습니다. 《세계사 맞수 열전》을 읽으며 드디어 답을 찾았습니다. 이렇게 맞수 형식으로 구성하면 재미나게 역사를 만날 수 있다는 것을. 일단 한번 읽어 보시길 강력하게 권해 드립니다.

| EBS 강사 겸 동화고등학교 역사교사 류성완 |

홀로 존재하는 역사는 없다. 역사의 거대한 흐름 뒤에는 언제나 서로를 비추는 '맞수'들이 있었다. 이들이 삶 속에서 치열하게 대립하고, 협력하며 역사의 결정적 장면을 만들었다. 책장을 덮을 때쯤, 독자들은 역사가 박제된 과거가 아닌 생동감 넘치는 '사람들의 이야기'임을 스스로 깨닫게 될 것이다.

| 포산중학교 역사교사 차경호 |

교과서에 갇혀 있던 세계사 속 인물들이 비로소 서로의 맞수를 만나 역동적으로 눈앞에 펼쳐집니다. 역사 선생님이 직접 들려주는 생생한 인물들의 이야기를 통해 세계사를 공부하는 어린이와 청소년 독자는 물론 역사에 관심 있는 성인 독자까지 즐겁게 읽을 수 있는 이 책! 강력 추천합니다.

| 신도봉중학교 역사교사 이예진 |

비슷한 상황 속에서도 다른 행위를 하는 것을 살펴보는 과정은 드레이 (W. Dray)의 표현대로 역사적 사고력을 길러 주는 한 요소이다. 이 책은 세계사 속에서 만날 수 있는 '맞수'에 대한 이야기를 통해 학생들이 역사를 더 흥미롭고, 깊게 이해할 수 있도록 하는 경험을 제시해 줄 수 있는 책. 적극 추천합니다!

| EBS 강사 겸 범박중학교 역사교사 정태형 |

동시대 또 서로 다른 시대의 인물들을 함께 놓고 비교하며 읽을 수 있다는 것만으로 인상적인 책! 맞수들의 이야기 속에서 교과서에서는 접하기 힘든 흥미로운 이야기들을 만날 수 있는 책! 이 책은 서로 다른 선택이 만들어 낸 역사의 흐름을 자연스럽게 이해하게 만들어 줍니다. 역사 수업을 살아 움직이는 이야기로 만들고 싶은 분들께 이 책을 적극 추천합니다.

| 구암중학교 역사교사 김사라 |

이 책은 닮은 듯 다른 두 인물의 삶을 나란히 들여다보며 고대부터 현대까지 동서양을 넘나드는 맞수들의 대결 속에 학생 스스로 판단하고 비교하는 능력을 길러 줄 것입니다. 역사 수업의 깊이를 한층 더해 줄 이 책! 세계사를 처음 만나는 학생들과 맞수들의 생생한 이야기로 수업에 활력을 더하고 싶은 선생님들께 자신 있게 권합니다.

| 기산중학교 역사교사 김보은 |

역사는 단순히 과거의 기록이 아니라, 오늘을 살아가는 우리에게 던지는 끊임없는 질문과 같습니다. 《세계사 맞수 열전》은 그 질문에 답하기 위해 인류사의 결정적 순간을 이끌었던 위대한 인물들을 '맞수'라는 독특한 시각으로 불러냈습니다.

이 책은 동시대의 라이벌부터 시공간을 초월해 닮은꼴 행보를 보인 인물들까지, 34쌍의 맞수들을 입체적으로 조명합니다. 한니발과 스키피오의 치열한 전략 대결부터 다빈치와 미켈란젤로의 예술적 고뇌, 그리고 현대의 팝 아티스트인 밥 딜런과 비틀스에 이르기까지, 맞수들의 경쟁과 연대는 역사를 움직이는 강력한 동력이었습니다.

독자들은 이들의 삶을 통해 단편적인 사건 암기에서 벗어나, 인물들이 마주했던 선택의 순간과 시대적 고민을 생생하게 체험하게 될 것입니다. 아울러 현직 역사 선생님들이 오랜 시간 공들여 집필한 만큼, 청소년들의 눈높이에 맞춘 흥미로운 서사와 탄탄한 고증이 돋보입니다. 더불어 학부모에게도 세계사의 상식과 안목을 넓히는 계기가 될 것 같습니다.

이 책이 학생과 성인 모든 독자들에게 역사를 아는 즐거움을 넘어, 세상을 바라보는 넓은 안목을 길러 주는 소중한 길잡이가 되기를 바랍니다.

역사교과서연구소

인류의 긴 역사 속에 뛰어난 업적을 남긴 이들을 우리는 위인이라 부릅니다. 단순히 사회적인 성공을 거두었다고 모두 위인으로 불리는 것은 아닙니다. 뛰어난 업적을 남긴 사람 중에서 시대를 초월해 이름을 남긴 이들을 부르는 용어가 바로 위인일 것입니다. 이 책에서는 두 명의 위인이 같은 시대에 운명처럼 만나기도 하고, 시대를 교차해서 만나기도 하며, 대를 이어 만나기도 합니다. 또, 동시대에 이역만리 떨어진 동양과 서양에서 아주 흡사한 족적을 남기기도 합니다. 우리는 그래서 이들을 '맞수'라고 부릅니다.

책을 집필하면서 한 명이 아닌 두 명의 위인이 세상을 이끌어 가는 과정을 살펴보았습니다. 그랬더니 세계와 인류의 역사가 더욱 역동적으로 변화해 온 것으로 읽혔지요. 맞수들끼리 경쟁하는 과정을 살펴보자니 드라마보다 더 재미있는 스토리가 눈에 보였습니다. 어떤 경우에는 위인들끼리 서로 아끼고 사랑했던 관계에서 가장 서로를 멀리하는 사이가 되기도 했습니다. 그럴 때조차 좋은 공부가 되었습니다. 이렇듯, 지역과 시대를 초월한 다양한 맞수들의 치열한 대결은 세계사에 더욱 흥미진진한 숨결을 불어 넣었습니다.

이제부터 여러분은 다양한 맞수들을 만나면서 한 사람의 입장에 서서 다른 한 사람을 이해하려 노력해 봅시다. 또 비슷한 상황 속에서 서로 다른 선택을 한 맞수의 머릿속으로 들어가 보고, 나라면 어떤 판단을 하게 될 것인지 고민해 보는 시간을 가져 봅시다. '한니발과 스키피오'부터 '클레오파트라와 측천무후', '알렉산드로스와 칭기즈 칸', '리처드 1세와 살라흐 앗 딘', '다빈치와 미켈란젤로', '정화와 콜럼버스', '마테오 리치와 서광계', '크롬웰과 로베스피에르', '슝빙쿤과 푸이', '히틀러와 스탈린', '에멀린 팽크허스트와 실비아 팽크허스트', '밥 딜런과 비틀스' 등 동서양 역사에 기억될 34쌍의 맞수들을 만나게 될 것입니다. 맞수들의 이야기 속에서 역사를 아는 즐거움, 인물들이 살아 온 시대를 이해하는 즐거움을 느껴 보시기 바랍니다. 여러분이 세계사와 사랑에 빠지게 되기를 기대합니다.

이 책은 《한국사 맞수 열전》, 《동아시아 맞수 열전》에 이은 세 번째 책입니다. 역사의 위인이 가지는 생명력을 믿고 '맞수 시리즈'를 세상에 내놓을 수 있게 항상 든든하게 뒤에서 받쳐 주시는 출판사에게 감사의 말씀을 드립니다. 또한 이 책이 예쁘게 세상에 나오게 노력해 주신 편집인들의 노고에 감사의 말씀을 드리고 싶습니다. 지난 3년 동안 신뢰하는 중학교 역사 선생님들과 함께 치열하게 고민하여 글을 써 내려갔습니다. 이 모든 과정을 함께하고도 책이 나오는 순간을 함께하지 못하게 된 故 민예은 선생님께서도 행복해하시리라 믿습니다. 대표 저자로서 무척이나 행복했던 시간이었습니다. 제가 느꼈던 그 행복이 믿고 지지해 준 동료 역사교사분들께도 전해지길 기대합니다. 그리고 항상 좋은 책이 세상에 나오기 위해 많은 것을 양보하고 배려해 주었던 저자들의 가족들에게도 저자를 대표하여 감사의 마음을 전합니다.

따뜻한 봄날에

8명의 저자를 대표하여 송치중

1부 맞수들, 세계를 움직이다

1부

맞수들,
세계를 움직이다

맞수 🔍

힘, 재주, 기량 따위가 서로 비슷하여
우열을 가리기 어려운 상대

로마·카르타고 전쟁의 진정한 승자

한니발 바르카
vs
스키피오 아프리카누스

로마·카르타고(포에니) 전쟁은 로마와 카르타고가 지중해의 지배권을 놓고 벌인 전쟁이었습니다. B.C. 264년부터 B.C. 146년까지 총 세 차례에 걸쳐 100년이 넘는 기간 동안 벌어졌지요. 로마의 역사가 리비우스에 따르면 전쟁에 패한 뒤 망명 중인 한니발을 만난 스키피오가 "가장 위대한 장군이 누구라 생각하느냐?"고 그에게 물었다고 합니다. 그러자 한니발은 첫째는 마케도니아의 알렉산드로스이고 두 번째는 그리스의 피로스 왕 그리고 세 번째는 알프스를 넘어 로마를 공격한 한니발 자신이라 답했다고 합니다. 이어서 본인이 로마를 정복했다면 알렉산드로스보다 앞자리를 차지했을 것이라는 말을 덧붙였지요. 그러면 제2차 로마·카르타고 전쟁에서 용감히 맞서 싸웠던 맞수 한니발과 스키피오 두 영웅의 전투 과정을 자세히 살펴볼까요?

한니발

- 생몰 : B.C. 247년 ~ B.C. 183년
- 국적 : 카르타고
- #알프스를 넘는 코끼리 부대
  #포위 섬멸 작전 #전략의 아버지
  #칸나에 전투 승 #자마 전투 패

스키피오

스키피오

- 생몰 : B.C. 235년 ~ B.C. 183년
- 국적 : 로마 공화국
- #이베리아반도 원정
  #아프리카누스
  #아프리카의 정복자
  #칸나에 전투 패 #자마 전투 승

카르타고의 성장과 로마와의 충돌

카르타고는 B.C. 8세기경 페니키아인이 현재 북아프리카 튀니지 지역에 건설한 도시 국가입니다. 고대 로마인들은 카르타고인을 '페니키아인'이라는 의미의 라틴어로 '포에니(Poeni)'라 불렀지요. 카르타고는 일찍부터 배를 만드는 조선술과 항해술이 발달해 지중해를 통한 해상 무역이 활발한 국가였습니다. 이를 바탕으로 B.C.★ 6세기부터는 해군력을 키워 지중해 서쪽에 여러 식민 도시를 건설하면서 강대국으로 성장했지요.

한편 이탈리아 중부의 작은 언덕 마을에서 출발한 로마는 B.C. 3세기경 이탈리아반도를 통일하고 서서히 이탈리아반도 바깥으로

★ 'Before Christ'의 약자로 예수 그리스도의 탄생을 기준으로 그 이전의 연도를 나타낼 때 사용하는 용어이다.

시선을 돌립니다. 카르타고와 로마는 지중해의 패권을 둘러싸고 결국 충돌했고 약 120년 동안 세 차례에 걸쳐 전쟁을 치릅니다. 이 전쟁이 바로 로마·카르타고(포에니) 전쟁(B.C. 264년~B.C. 146년)입니다.

로마는 카르타고에 비해 해군력이 약했지만 제1차 로마·카르타고 전쟁에서 긴 나무판자 끝에 뾰족한 송곳이 박힌 코르부스(Corvus, 까마귀 부리)를 함대에 설치해 해상전을 백병전(직접 몸을 맞붙어 싸우는 전투)으로 바꾸었습니다. 그리고 결국 카르타고를 제압하고 승리를 거둡니다. 20년 넘게 계속된 전쟁에서 패한 카르타고는 거액의 배상금을 물고 시칠리아에서 완전히 떠나는 조건으로 로마와 강화를 맺게 되지요.

알프스산맥을 넘은 한니발

한니발은 B.C. 247년 카르타고의 유명한 바르카스 가문에서 태어났습니다. 아버지 하밀카르 장군은 한니발이 아홉 살 때 그를 신전으로 데려가 로마를 평생 적으로 삼겠다고 맹세하게 한 뒤 함께 이베리아반도로 건너갔지요. B.C. 221년 한니발은 아버지와 매형의 뒤를 이어 카르타고군 총사령관직을 맡습니다.

20대가 된 젊은 한니발은 로마를 멸망시키기 위해 전쟁을 준비했습니다. 2년 뒤 그는 로마의 동맹국이자 이베리아반도에 위치해 있던 사군툼을 공격해 점령합니다. 이 소식을 들은 로마는 카르타고에 전쟁을 선포했고 이로써 제2차 로마·카르타고 전쟁이 시작되었습니다.

로마는 카르타고 군대가 바다를 통해 침입할 것이라고 예상했지만 한니발은 그 예상을 깨고 육로를 선택합니다. 피레네산맥을 넘어 갈리아(현재의 프랑스) 지방으로 들어갔을 때 한니발 군대의 병력은 보병 5만 명에 기병 9천 명, 코끼리 37마리 정도였습니다.

로마가 한니발의 진의를 파악하지 못해 우왕좌왕하는 사이 한니발은 과거 어떤 장군도 시도하지 않았던 대담한 도전을 감행합니다. 코끼리 부대까지 포함한 대군을 이끌고 눈 덮인 알프스를 넘기로 작정한 것이지요. 한니발의 군대는 산속 곳곳에서 돌을 굴려 공격하는 갈리아 부족과 전투를 벌이고 혹독한 추위와 눈사

<알프스를 넘는 한니발의 코끼리 부대>, 야코포 리판다, 1510년경.

태를 견디며 전진했습니다. 그렇게 약 보름 만에 알프스를 넘어 북부 이탈리아에 도착했지요. 이 과정에서 많은 병력을 잃어서 남은 병력은 보병 2만 명, 기병 6천 명으로 줄었고 전투 코끼리도 겨우 몇 마리만 살아남았습니다. 비록 병력은 줄었지만 피레네와 알프스산맥을 넘으며 고난을 함께한 한니발 군대의 사기는 어느 때보다 하늘을 찔렀지요.

한니발과 스키피오의 만남

B.C. 218년 11월 한니발의 카르타고군과 로마군은 이탈리아 북

부 티키누스 강변에서 처음 맞붙습니다. 이 티키누스 전투에서 한니발은 승리를 거두었고 로마군을 지휘하던 집정관을 거의 사로잡을 뻔했습니다. 이때, 위기에 처한 로마 집정관을 구한 사람은 바로 집정관의 아들로 처음 전투에 나간 17세의 스키피오였습니다.

전쟁 초반 한니발의 군대는 금방이라도 로마를 정복할 기세로 연이어 승리를 거둡니다. 티키누스 전투에 이어 다른 전투에서도 로마군을 거의 전멸시키며 계속 남쪽으로 진격했지요. 한니발이 로마군을 상대로 계속 승리할 수 있었던 비결은 한니발의 리더십 덕분이었습니다. 그는 다양한 민족으로 구성된 카르타고군과 동고동락하며 신뢰를 쌓았고, 병사들이 두려움 없이 싸울 수 있도록 용기를 북돋아 주었습니다. 그럼으로써 카르타고 군대는 강한 전투력을 유지할 수 있었지요.

B.C. 216년 초여름, 한니발은 로마의 중요한 식량 보급 기지 가운데 하나였던 칸나에 지역을 공격했습니다. 칸나에 전투에서 한니발은 포위 섬멸 작전을 전개하는데, 당시 로마군은 보병 8만 명에 기병 7천 명으로 총 8만 7천 명 정도였고 카르타고군은 보병 4만 명, 기병 1만 명으로 총 5만 명 정도였습니다. [*]

---

[*] 한니발의 군대는 알프스를 넘으며 함께 싸운 보병 2만 명, 북아프리카 누미디아 기병 6천 명, 프랑스 남부에서 모집한 갈리아 용병 2만 명, 갈리아 기병 4천 명 정도로 구성되어 있었다.

로마군은 보병을 중앙에 두텁게 배치한 뒤 카르타고군의 중앙을 돌파하기 위해 진격했습니다. 초승달 대형을 이룬 카르타고 보병들은 중앙으로 들어오는 로마군의 빠른 공격에 조금씩 뒤로 후퇴했고, 로마군이 후퇴하는 카르타고군 진영으로 깊게 파고들면서 초승달 모양의 전열이 점점 뒤집히는 형태가 되었지요.

그 사이 양옆에서 로마 기병대를 물리친 카르타고 기병이 로마군의 배후를 포위하자 그동안 버티고 있던 카르타고 보병들이 다시 로마군에 반격했지요. 카르타고군은 포위된 로마군을 사방에서 압박하며 공격했습니다.

이 전투로 로마군은 6만 명이 전사하고 1만 명이 포로로 잡힌 반면에 카르타고군은 6천 명 밖에 희생되지 않아 카르타고군이 압도적인 승리를 거두었습니다. 이때 19세인 스키피오도 로마 패잔병 가운데 섞여 있었지요.

칸나에 전투에서 승리한 한니발이 기세를 올려 바로 로마를 침공했다면 아마도 역사가 바뀌었을지도 모릅니다. 칸나에 전투 승리 후 카르타고군의 기병대장은 시간 낭비하지 말고 곧바로 로마로 진공하자고 한니발에게 건의했습니다. 그러나 칸나에 전투 대승** 후 한니발은 신중하게 로마가 항복하기를 기다렸습니다.

** 칸나에 전투의 승리는 서양 역사에서 가장 큰 승리 중 하나로 언급되며, 영어에서는 "get your Cannae"라는 표현이 널리 사용된다. 이는 대승을 거두다라는 의미로 쓰인다.

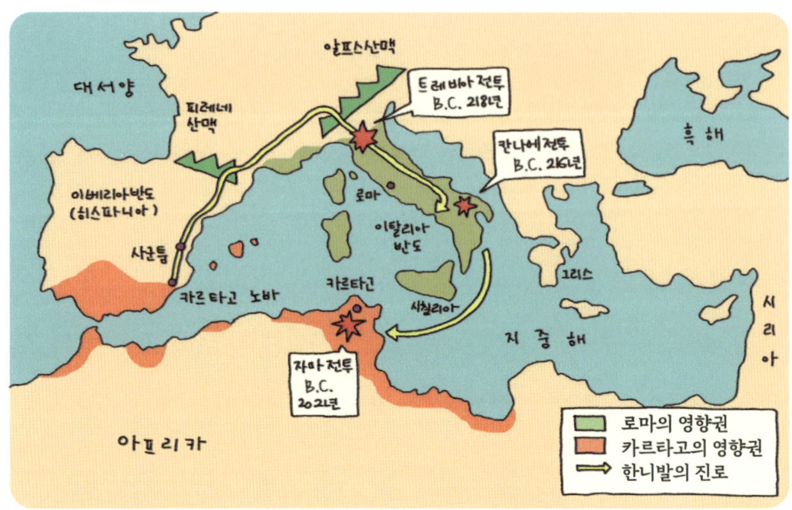

제2차 로마·카르타고 전쟁 지도. 제2차 로마·카르타고 전쟁은 카르타고의 한니발이 알프스를 넘어 로마를 공격한 전쟁이다. 한니발의 이동 경로와 주요 전투 과정을 한눈에 보여 준다.

한니발이 로마 동맹 도시들의 봉기를 기다리며 주춤하는 동안 로마는 내부적으로 시민들이 힘을 합쳐 군대를 다시 꾸리고 전쟁 비용을 마련했습니다.

한니발과 스키피오 최후의 일전, 자마 전투

칸나에 전투에 패배한 이후 로마는 카르타고와 직접적인 전투를 피하는 한편, 한니발 군대에 대한 지원을 차단하기 위해 이베리아반도에 군대를 파견합니다. 한니발은 본국 카르타코에서 별다

1부 맞수들, 세계를 움직이다

른 지원을 받지 못하고 이베리아반도에서의 지원도 로마군에 가로막히게 되었지요. 이때 스키피오는 아버지와 삼촌의 원수를 갚겠다며 이베리아반도의 전선으로 나섰습니다.

20대 중반의 젊고 기개 넘치는 스키피오가 로마군을 지휘하면서부터 전세는 완전히 역전됩니다. 로마군이 스키피오의 지략에 힘입어 몇 번이나 승리를 거두게 되지요. B.C. 208년에는 한니발을 지원하기 위해 병력 3만 명을 이끌고 이베리아반도에서 출발한 한니발의 동생 하스두르발이 이탈리아 북부에서 벌어진 전투에서 스키피오에 패배해 사망하고 맙니다.

스키피오는 아프리카로 건너가 카르타고 본국을 공격했고 속수무책으로 패배하던 카르타고는 결국 로마에 있던 한니발을 불러들였습니다. 한니발은 '로마의 멸망'이라는 필생의 꿈을 뒤로하고 본국으로 귀환해야 했지요.

스키피오가 이끄는 로마군과 한니발이 지휘하는 카르타고군은 B.C. 202년 자마에서 최후의 전투를 벌였습니다. 한니발은 이번에도 전투 코끼리 80마리를 선두에 배치했지만 스키피오가 부대 간격을 넓혀 대처하자 별 효과를 거두지 못했습니다. 오히려 로마군이 트럼펫과 코넷을 불며 전진하자 놀란 코끼리들이 뒤돌아서 한니발의 카르타고군을 짓밟았지요. 한니발의 전략을 응용한 스키피오의 전략으로 로마군이 압승을 거두었습니다.[*] 이때의 승리로 스키피오는 로마 원로원으로부터 '아프리카의 정복자'라는 의미인 '아프리카누스'라는 칭호를 얻었습니다.

한니발과 스키피오는 고대 전쟁에서 가장 유명한 라이벌로, 각각 카르타고와 로마를 대표하는 지휘관이었습니다. 한니발은 알프스를 넘어 이탈리아를 침공하며 로마군을 여러 번 물리쳤고, 특히 칸나에 전투에서 큰 승리를 거두었지요. 이에 맞선 스키피오는 뛰어난 전략으로 로마를 구하고 자마 전투에서 한니발을 이겨 전쟁을 승리로 끝냈습니다. 두 사람은 비록 적으로 만났지만 서로를 존경했으며 스키피오는 한니발을 '위대한 장군'이라고 인정했지요. 이들의 대결은 단순한 싸움이 아니라 로마와 카르타고라는 두 강대국의 운명을 바꾼 중요한 사건으로 남았습니다.

[*] 자마 전투에서 패배한 한니발은 오늘날 시리아 지방으로 망명한 뒤 복수를 꿈꾸지만 끝내 실패하고 독약을 마셔 자결한다.

   1부 맞수들, 세계를 움직이다

자마 전투 이후 카르타고는 어떻게 되었을까?

자마 전투에서 패배한 카르타고는 로마와 강화 조약을 맺었다. 카르타고는 20척 이하의 배만 남기고 나머지를 로마에 양도했으며, 북아프리카를 제외한 모든 영토를 잃고 50년 동안 배상금 1만 탈렌트를 분할해 로마에 갚아야 했다. 또 로마의 승인 없이는 아프리카 안팎을 불문하고 전쟁할 수 없다는 조항도 포함되었다. 이후 로마의 동맹국인 누미디아가 로마의 묵인 아래 카르타고 영토를 계속 침범하자 이에 대응해 카르타고가 누미디아를 공격했고 로마는 이를 구실로 전쟁을 선포했다. 제3차 로마·카르타고 전쟁(B.C. 149년~B.C. 146년)은 카르타고가 누미디아를 침공하며 일어난 전쟁이지만 사실 카르타고가 다시 일어서는 것이 못마땅했던 로마가 계획적으로 일으킨 전쟁이었다. 카르타고는 결사 항전하며 4년간 버티지만 결국 패배하고 말았다.

로마의 위기를 극복하려 했던 그라쿠스 형제의 개혁

로마·카르타고 전쟁이 로마의 승리로 끝나고 마침내 로마는 지중해 전체를 차지하게 되었다. 로마는 최강의 국가로 성장했지만 아이러니하게도 로마 시민들은 점차 몰락하고 있었다. 전쟁으로 넓은 토지를 얻은 소수 귀족이 대농장(라티푼디움)에서 많은 노예를 동원해 농사를 지었기 때문에 일반 농민들은 우선 가격 경쟁에서 밀렸다. 거기에 더해 로마의 정복지에서 가져온 곡물 때문에 곡물값이 폭락해 로마의 자영농들은 경제적 어려움에 처했다.

그라쿠스 형제는 제2차 로마·카르타고 전쟁을 승리로 이끈 스키피오의 외손자로, 어머니 코르넬리아는 한니발을 꺾고 로마를 구한 스키피오의 둘째 딸이었다. B.C. 133년에 평민의 권익을 옹호하는 호민관이 된 티베리우스 그라쿠스가 한 연설은 로마의 위기 상황을 잘 보여 준다.

들에서 풀을 뜯는 짐승조차 쉴 곳이 있는데, 로마를 위해 목숨 걸고 싸운

〈그라쿠스 형제 흉상〉, 장바티스트 클로드 외젠 기욤, 1853년.

병사들은 공기와 햇빛 말고는 아무것도 누리지 못하고 집도 안식처도 없이 처자식과 함께 거리를 떠돌아다니고 있습니다. … 로마인들은 세상의 주인이라고 불리지만, 그들에게는 자기 것이라고 부를 흙 한 덩이도 없습니다.

_티베리우스 그라쿠스

그는 자영농을 보호하기 위해 귀족의 토지 소유를 제한하고 농민들에게 토지를 나눠 주는 토지 개혁법을 민회에 제출했다. 하지만 대토지를 소유한 귀족들은 이 법안을 거부하고 티베리우스를 암살한 뒤 그의 지지자 300여 명을 처형했다.

10년 뒤 형의 뒤를 이어 호민관이 된 가이우스 그라쿠스는 국가가 농민으로부터 곡물을 비싸게 사서 도시민에게 싼값에 공급하는 곡물법을 시행했다. 하지만 이번에도 귀족들의 거센 반대와 모함에 부딪혀 그가 이끄는 개혁파가 학살당하고 그도 자살하고 말았다. 이로써 그라쿠스 형제의 개혁은 실패로 끝났다.

중국의 기틀을 마련한 두 황제

{
진시황제

vs

한 무제
}

오늘날 중국을 영어로 차이나(China)라고 부릅니다. 진시황제가 다스린 진나라의 진(Chin)이라는 국호가 유럽으로 건너가 중국을 가리키는 명칭이 되었다고 하지요. 한편, 우리가 일상에서 자주 사용하는 한자와 한문은 '한나라의 글', '한나라의 문장'이라는 의미입니다. 여기서 말하는 한나라 전성기를 이끈 인물이 바로 한 무제입니다. 중국의 첫 번째 황제 진시황제와 한나라 7대 황제 한 무제는 비슷한 점과 차이점이 많습니다. 두 사람의 삶을 좀 더 자세히 한번 들여다볼까요?

진시황제

- 생몰 : B.C. 259년 ~ B.C. 210년
- 국적 : 중국 진나라
- #전국 시대 통일 #법치주의 #흉노 정벌 #만리장성 건설

한 무제

- 생몰 : B.C. 156년 ~ B.C. 87년
- 국적 : 중국 한나라
- #한나라 전성기 #유교의 국교화 #장건 파견 #실크 로드 개척

중국을 최초로 통일한 황제

진시황제는 5천여 년의 길고 긴 중국 역사에서 최초로 중국을 통일한 인물입니다. 통일 이전의 중국은 진, 조, 위, 한, 제, 연, 초 일곱 개 나라로 나뉘어 있었는데 이들이 패권을 다투던 시기를 전국 시대라고 합니다.

진시황제의 어릴 적 이름은 영정입니다. 그는 열세 살 나이로 중국 서북쪽에서 성장한 국가 진(秦)의 왕이 되었습니다. 전국 시대에는 유가, 법가, 도가 등의 제자백가*가 유행했는데 영정은 강력한 법으로 나라를 통치하는 법가 사상을 채택했습니다. 이러한 법치를 통해 진나라는 부국강병의 기틀을 마련했지요.

★　제자백가란 춘추·전국 시대에 활동했던 다양한 사상의 학파와 학자를 통칭하는 말이다. 제자(諸子)는 여러 학자를, 백가(百家)는 수많은 학파를 뜻한다.

영정은 유능한 인재라면 출신에 상관없이 적극적으로 관리로 등용했습니다. 대표적 인물로는 법가 사상가로 널리 알려진 이사가 있습니다. 영정은 이사의 조언을 받아들여 여섯 나라와 화친을 맺었고, 그 뒤 이 여섯 나라를 하나씩 격파해 나갔습니다. 정복 전쟁을 시작한 지 불과 10년 만인 B.C. 221년에 영정은 중국 대륙을 통일했지요.

천하를 통일한 영정은 자신을 중국 고대 전설 속 여덟 제왕인 삼황오제를 줄인 말로 '황제'라 부르도록 했습니다. 이렇게 그는 중국 역사상 최초의 황제가 되었고 '시작한다'는 뜻의 '시(始)'를 붙여 '시황제'라 자칭했으며 그의 후손들은 이세 황제, 삼세 황제라 부르도록 했지요.

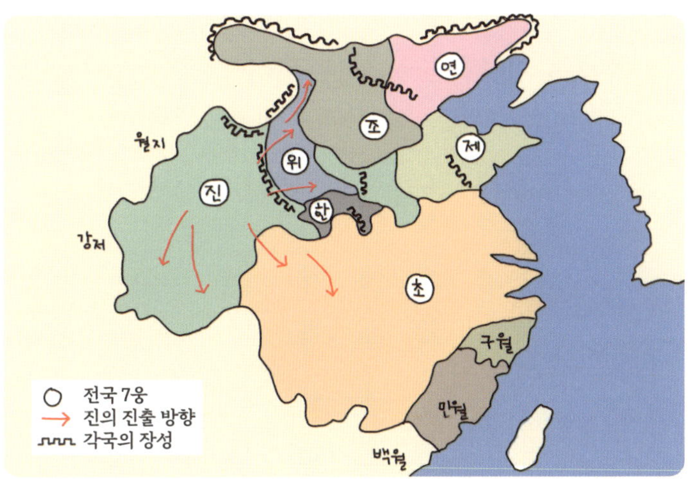

전국 시대 지도. 진나라가 천하를 통일하기 전에 중국은 일곱 개의 나라로 나뉘어 있었다.

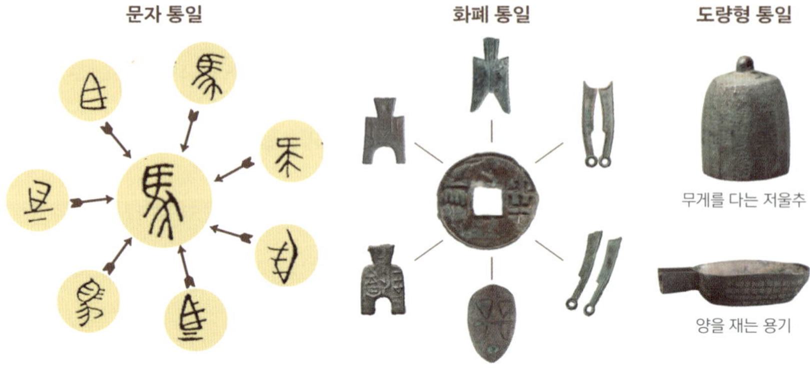

천하 통일 후 진나라는 나머지 여섯 나라의 문자와 화폐와 도량형을 하나로 통일했다.

전국 시대 수백 년간 여러 나라로 나뉘어 있었던 중국은 문자, 화폐, 제도 등이 제각기 달랐습니다. 중국 대륙을 통일한 진시황제는 다양한 문자를 하나로 통일하고 화폐 역시 반량전으로 통일했으며 무게, 길이, 용량(도량형) 등의 단위도 모두 통일했습니다. 또 통일된 진나라를 36개 군으로 나눠 황제가 직접 모든 군을 다스리는 군현제를 실시했지요. 이는 중국 최초의 중앙 집권 체제로 청나라 말까지 약 2천 년 동안 큰 변화 없이 유지됩니다.

천하를 통일한 진시황제에게 북방 유목 민족 흉노는 두고두고 골칫거리였습니다. 흉노가 북방에서 자주 침범해 내려와 재물을 약탈하고 한족을 노예로 삼는 등 진나라에 큰 위협이 되었지요. 진시황제는 몽염 장군에게 군사 30만 명을 주어 흉노를 황허강 북쪽으로 몰아내도록 했고, 흉노가 다시 침입하는 일을 막기 위해 국경을 따라 기존 성들을 연결하고 새로운 성을 쌓으며 1만 리(약 4천km)에 걸쳐 만리장성을 건설했습니다. 만리장성 공사에는 엄청난 인력과 물자가 동원되었는데, 공사에 참여한 사람의 60퍼센트인 약 30만 명 가까이 목숨을 잃을 정도로 상황은 참담했으며 그 때문에 백성들의 삶도 몹시 고단해졌지요.

진시황제는 분열되어 있던 중국을 최초로 통일하고 중앙 집권 체제를 만들었습니다. 하지만 만리장성과 아방궁[*] 등 대규모 토목 사업을 벌여 국고를 탕진해 진나라는 점차 쇠퇴의 길로 들어섰지요. 또 법률을 지나치게 엄격하게 적용하고 분서갱유[**]와 같은 사상 탄압으로 민심의 동요도 극심해졌습니다. 결국 진시황제가 죽은 뒤 진승·오광의 난을 계기로 각지에서 농민 반란이 일어났고 진나라는 통일한 지 불과 15년 만에 멸망하고 말았습니다.

한나라의 전성기를 이끈 황제

진나라가 멸망한 뒤 초나라 항우와의 전쟁에서 승리한 유방이

[*] 아방궁은 진시황제가 함양(지금의 시안) 서쪽에 지은 궁전이다. 사마천이 지은 역사서 《사기》에 따르면 동서로 약 900m, 남북으로 150m에 달하며 900개의 방이 있고 수용할 수 있는 인원만 1만 명에 달했다고 한다.
[**] 분서갱유는 진시황제가 정치적 비판을 막고 사상을 통제하고자 의약과 농업을 제외한 각종 서적을 불태우고 수많은 유생을 생매장한 사건이다.

B.C. 202년 중국 대륙을 통일하고 한나라를 건국합니다. 이 당시 역사를 소설화한 작품이 《초한지》이고 유방과 항우의 싸움을 바탕으로 한 놀이가 바로 오늘날 우리가 잘 아는 장기입니다.

한나라 건국 이후 B.C. 141년 한 무제가 16세의 나이로 황제의 자리에 오릅니다. 한 무제는 55년 동안 재위하면서 정치·군사·문화 등 여러 분야에서 큰 업적을 남겼습니다. 진나라 때부터 시작된 중국 대륙의 통일이 한 무제에 이르러 완성됐다고 할 수 있지요.

한 무제가 즉위한 뒤 신하인 동중서가 "다른 사상들을 멀리하고 오직 유가만을 섬길 것"을 건의하자 한 무제가 이를 받아들여 유가는 정식으로 한나라 국교인 유교가 되었습니다. 유교는 제자백가의 학파 가운데 하나인 유가의 공자와 맹자로부터 비롯한 사상으로 황제(군주)를 나라의 근본으로 여겨 황제 지배 체제에 정당성을 부여합니다. 이후 유교는 2천 년 넘게 한나라뿐만 아니라 중국의 정통 사상이자 종교로서 위치를 누렸지요. 더욱이 유교는 중국 문화의 전파와 함께 한국과 일본, 베트남 등 다른 아시아 국가에서도 통치 이념으로서의 위치를 굳힙니다.

진나라의 골칫거리였던 흉노는 한나라 건국 이후에도 여전히 큰 위협이었습니다. 한나라를 건국한 한 고조(유방)가 정벌에 나섰지만 흉노의 대군주 묵특 선우에게 패하고 말았지요. 그 뒤 한나라는 매년 흉노에게 막대한 조공을 바치고 황실 공주를 흉노에게 시집보내는 등 화친 정책을 펼쳤습니다. 이후 국력을 키운 한 무제가 다시 흉노 정벌에 나섭니다. 한 무제는 먼저 흉노에게 쫓겨 서역*으로 이동한 월지와 동맹을 맺기 위해 장건을 사신으로 파견했습니다. B.C. 129년부터는 위청과 곽거병 등에게 군대를 주어 흉노와 여러 차례 대규모 전쟁을 벌였고 결국 10여 년 만에 흉노를 고비 사막 밖으로 몰아낼 수 있었지요. 그 덕분에 서역으로 진출해 비단길(실크 로드)을 개척할 수 있었습니다.

한 무제는 흉노와 전쟁을 치르느라 막대한 군사비를 소모했습니다. 말년에는 사치와 향락을 즐겨 궁중 정원인 상림원을 대규모로 증축하는 등 백성에게 가혹한 노동을 시켰지요. 한 무제는 부족한 국가 재정을 마련하기 위해 소금과 철의 판매를 국가가 독점하는 전매 정책을 시행했지만 이미 기울기 시작한 경제 상황을 되돌릴 수는 없었습니다. 계속된 전쟁과 대규모 토목 공사로 한 무제 말기에는 국고가 거의 바닥이 났고 지방 곳곳에서 농민 봉기와 반란이 일어났습니다.

★　서역은 중국 서쪽에 위치한 여러 국가를 총칭하는 말이다. 좁은 의미로는 중앙아시아 타림 분지 주변 오아시스 국가를 가리키고, 넓은 의미로는 페르시아와 아라비아까지를 포함하는 지역을 일컫는다.

진황한무(秦皇漢武)

진황한무는 중국 최초로 통일 국가를 이룩한 진시황제와, 과감하고 강력한 정책을 펼쳐 후세에 탁월한 업적을 남긴 한 무제를 가리키는 말입니다. 진시황제와 한 무제는 큰 공적을 세웠지만 집권 후반기에는 나라의 운명을 위기로 몰아넣었습니다. 진시황제는 무리한 법치와 잔인한 통치로 비판을 초래했고, 한 무제는 지나친 전쟁과 사치로 국가 재정에 큰 부담을 안겼지요. 이들의 삶은 강력한 리더십의 중요성을 보여 주는 한편 권력의 균형과 책임이 무엇보다 중요하다는 교훈을 새기게 합니다.

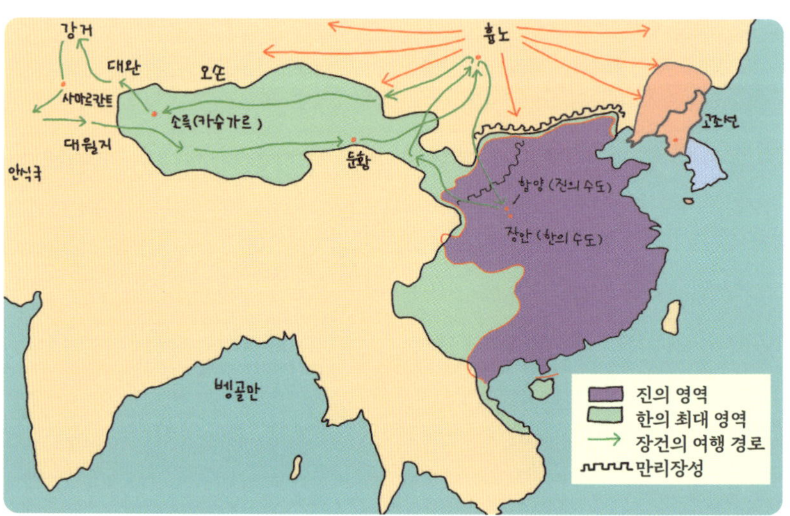

진나라와 한나라의 영역 지도.

제주도에 진시황제 관련 장소가 있다고?

제주 서귀포시의 지명 유래는 여러 가지가 있는데 그중 하나가 진시황제와 관련이 있다. 진시황제의 명령을 받은 진나라의 서복(서불) 일행은 늙지 않고 오래 사는 영약인 불로초를 찾아 제주도에 갔다. 그때 정방 폭포의 경치에 감탄한 서복은 암벽에 서불과지(徐市過之, 서불이 다녀가다)라는 한자를 새기고 떠났다. 서귀포라는 이름도 '서불이 서쪽으로 돌아간 포구(西歸浦, 서귀포)'에서 유래했다고 전해진다.

비단길을 개척한
장건

한 무제는 포로로 잡은 흉노 병사로부터 한나라 서북방에 거주하던 월지(月氏, 月支)가 흉노와 원수지간이라는 이야기를 듣고 월지와 동맹을 맺어 흉노를 공격할 계획을 세웠다. B.C. 139년 한 무제는 중국 서쪽 톈산 산맥 북쪽 땅에 있다고 알려진 월지를 찾기 위해 장건을 사절로 파견했다. 장건은 흉노 출신 노비 감보를 비롯해 100여 명의 수행원과 함께 월지로 향하던 중 흉노에게 사로잡히고 말았다. 그 이후 10여 년간 흉노 땅에서 포로로 살면서 흉노 여성과 결혼해 자식까지 낳았으나 장건은 한시도 한나라 사신의 임무를 잊지 않았다.

장건은 흉노의 감시가 소홀한 틈을 타 탈출에 성공해 드디어 월지에 도착했지만 월지는 한나라와 동맹을 맺어 흉노를 함께 공격하자는 장건의 권유를 거절했다. 벌써 오래 전 일이라 흉노에 대한 원한도 희미해졌고 동쪽으로 1만 여리나 떨어진 한나라와 동맹을 맺어 가까이에 있는 흉노를 자극할 필요가 없었기 때문이다.

월지 땅에서 1년 정도 더 머무른 장건은 사신으로서 임무를 다하기 위해 귀국길에 오른다. 흉노를 피해 파미르고원을 넘은 뒤 타림 분지 남쪽을 따라 한나라로 들어오는 길을 택했지만 장건은 또다시 흉노에 붙잡힌다. 하지만 흉노가 후계자 문제로 혼란한 틈을 타 극적으로 다시 탈출에 성공했고 천신만고 끝에 고국을 떠난 지 13년 만에 한나라로 귀국할 수 있었다.

비록 월지와의 동맹은 실패했지만 장건은 중국과 서역의 교통로인 비단길을 개척했다. 중국의 비단이 대표적인 교역 상품이었기 때문에 이 길을 실크 로드(Silk road)라고도 부른다. 실크 로드(비단길)는 당나라 때 더욱 활성화되었고 동서 문화 교류의 관문으로 큰 역할을 하게 된다.

말 위에서 제국을 건설한 정복왕

알렉산드로스 대왕

vs

칭기즈 칸

요즘은 인공위성과 광케이블로 연결된 통신망 덕분에 전 세계가 빠르게 하나로 연결된 시대입니다. 그런데 인터넷도 없었던 시절에 세계를 하나로 만든 두 인물이 있었습니다. B.C. 4세기 유럽에서 아시아로 동방 원정을 이끈 알렉산드로스 대왕과, 13세기 초 아시아에서 유럽으로 영역을 확장한 칭기즈 칸입니다. 두 사람은 대륙을 횡단하며 크게 활약했고 그들의 정복 활동으로 유럽과 아시아는 교류가 활발해지며 서로 연결될 수 있었습니다. 알렉산드로스 대왕과 칭기즈 칸이 말 위에서 어떻게 드넓은 제국을 건설할 수 있었는지 함께 살펴볼까요?

알렉산드로스 대왕

- 생몰 : B.C. 356년~B.C. 323년
- 국적 : 마케도니아
- #동방 원정 #대제국 건설
  #알렉산드리아 #헬레니즘

알렉산드로스 대왕  VS 칭기즈 칸

칭기즈 칸

- 생몰 : 1162년~1227년
- 국적 : 몽골
- #몽골 통일 #대몽골 제국
  #팍스 몽골리카

남다른 어린 시절

B.C. 356년 그리스의 마케도니아 왕국에서 필리포스 2세의 아들 알렉산드로스가 태어났습니다. 어머니 올림피아스가 태몽으로 자신의 배에 번개가 떨어지는 꿈을 꾸어서 사람들은 신 중의 신 제우스의 후손이 태어났다고 생각했습니다.

필리포스 2세는 당대 최고의 학자였던 아리스토텔레스에게 알렉산드로스의 교육을 맡겼습니다. 알렉산드로스는 윤리학, 정치학, 의학 등 다양한 학문을 두루 배웠습니다. 그는 한 나라의 왕자로서 외국 사절단을 접대하거나 전쟁에 참전하면서 왕이 될 자질을 키워 갔습니다.

한편 테무친은 몽골의 한 초원에서 손에 핏덩이를 쥐고 태어났습니다. 당시 몽골 사람들은 피를 쥐고 태어난 일이 위인이 탄

생할 징조라고 여겼습니다. 추장이자 전사였던 아버지 예수게이
는 아홉 살 테무친에게 좋은 신부를 얻어 주고 싶어 테무친과 함
께 여행을 떠났습니다. 신부를 맞이하기 위해 꼭 필요한 지참금
도 없이 떠난 여행에서 테무친은 귀여운 소녀 보르테를 만났습니
다. 보르테의 아버지는 흰 송골매가 해와 달을 쥐고 온 꿈을 꿨다
며 테무친을 환영해 주었지요. 예수게이는 테무친과 보르테의 결
혼을 약속하고 당시 몽골의 풍습에 따라 테무친을 데릴사위로 남
겨 두고 홀로 집으로 돌아갔습니다.

위기를 극복하고 왕위에 오르다

불행히도 청년이 된 알렉산드로스와 아버지 필리포스 2세의 사
이는 점점 나빠졌습니다. 어머니 올림피아스의 출신 때문에 그
를 못마땅하게 여기는 귀족들도 있었습니다. 게다가 필리포스 2
세가 새로운 부인을 맞이하며 알렉산드로스의 위치는 점점 난처
해졌지요. 다행인지 불행인지 필리포스 2세가 살해당하면서 B.C.
336년 스무 살의 알렉산드로스가 왕위에 올랐습니다.

　한편 1171년 몽골의 테무친 역시 위기에 빠졌습니다. 집으로
돌아가던 예수게이가 원수지간이었던 타타르족에게 독살당하고
친척들마저 그의 가족을 외면하여 테무친은 초원에 버려진 신세

가 되었습니다. 목숨을 노리는 사람들에게 쫓기던 아홉 살 테무친은 들쥐를 잡아먹으며 연명했지요. 심지어 적들의 포로가 되어 노예 생활을 하기도 했습니다.

열여덟 살에 겨우 탈출에 성공한 테무친은 보르테를 찾아가 결혼한 뒤 아버지 예수게이의 친구 토그릴과 동맹을 맺고 몽골 부족 안에서 점점 영향력을 키워 갔습니다. 그러던 중 적이었던 메르키트족에게 납치된 보르테를 구하면서 몽골의 유목 민족을 통합해야겠다고 생각하게 됩니다. 테무친은 타타르족을 비롯해 주변 유목 민족들을 장악해 가며 부족 사람들을 천호제로 편성해 전투를 이어 갔습니다. 천호제는 천 명, 백 명 단위로 천호와 백호를 구성해 유목 민족을 통제하는 몽골의 군사 행정 조직이었습니다. 테무친은 자신에 대한 충성도에 따라 천호를 이끄는 천호장을 임명해 조직을 효율적으로 운영했지요. 결국 테무친은 몽골 민족을 통일하고 1206년 부족 대표자 회의인 쿠릴타이 회의에서 칭기즈 칸*이라는 칭호를 받으며 몽골 제국을 만들었습니다.

★　'칸'은 유목 민족의 군주를 이르는 말로 몽골뿐만 아니라 투르크 민족도 칸이라는 칭호를 사용했다.

말을 타고 세상 끝까지 달리다

마케도니아의 왕이 된 알렉산드로스는 먼저 그리스 지역을 평정하기 시작했습니다. 그 뒤 오랜 기간 갈등 관계에 있었던 페르시아 제국을 공격하기로 결심했지요. B.C. 334년 알렉산드로스는 본격적으로 페르시아 원정에 나섰습니다. 대제국인 페르시아의 다리우스 3세는 10만 명이 넘는 대군을 이끌고 이소스(지금의 튀르키예 영토) 평원으로 나와 알렉산드로스를 맞았습니다.

적군의 엄청난 규모에 알렉산드로스의 부하들은 두려움에 떨었습니다. 하지만 흰 깃털이 꽂힌 황금 투구를 쓰고 앞장서 달려가는 알렉산드로스의 용맹함을 보고는 용기를 냈지요. 마케도니아군은 4미터나 되는 긴 창을 들고 방패로 빽빽하게 밀집해 움직이는 팔랑크스 대형으로 진격했습니다. 알렉산드로스의 기세에 밀려 도망친 다리우스 3세는 가우가멜라(지금의 이라크의 중요 도시인 모술의 동쪽 지역)에서 코끼리 부대까지 준비해 맞서려 했지만 알렉산드로스에게 패해 무릎을 꿇었습니다.

알렉산드로스는 페르시아의 바빌론을 점령한 뒤 페르시아인들에게 그리스 문화를 강제로 따르게 하지 않았습니다. 오히려 알렉산드로스는 페르시아식 의례를 따르고 페르시아의 문화를 존중해 주었습니다. 게다가 다리우스 3세의 가족들을 잘 대접해 주었지요.

알렉산드로스는 여기에서 만족하지 않고 언젠가 스승이었던 아리스토텔레스가 말했던 세상의 끝을 보기 위해 인도까지 전진하기로 했습니다. 하지만 7년이나 지속된 오랜 원정으로 모두가 지쳐 있었지요. 부하들은 인더스강의 지류에서 벌어진 히다스페스 전투를 끝으로 고향으로 돌아가고 싶어 했지요. 결국 알렉산드로스는 부하들의 의견에 따라 바빌론으로 돌아가기로 했습니다.

한편 몽골을 통일한 칭기즈 칸은 오랫동안 몽골을 괴롭혀 온 금나라를 공격하기로 마음먹었습니다. 우선, 금나라와 협력할 수 있는 서하*를 점령한(1209년) 칭기즈 칸은 금나라를 공격하기 전

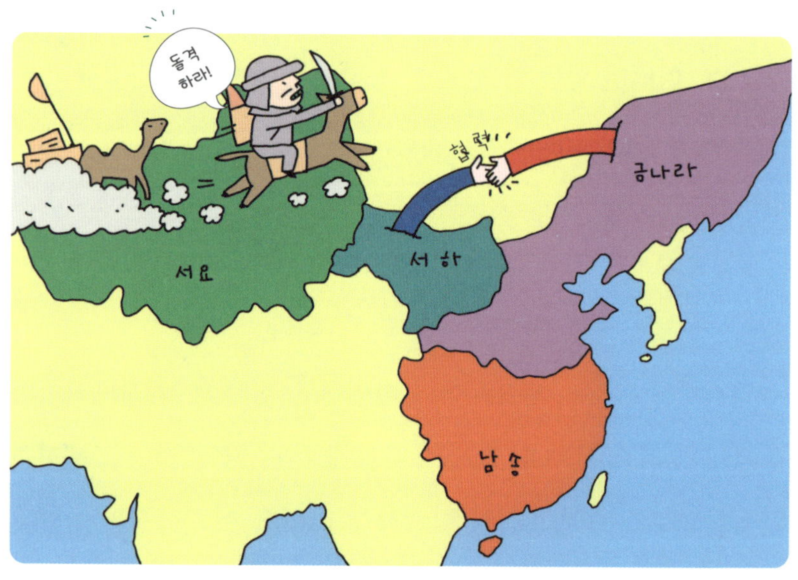

* 서하는 11세기에서 13세기에 티베트 계통의 탕구트족이 세운 나라로 비단길을 통해 무역 이익을 차지하기도 했다.

비단길을 지나는 상인들로부터 정보를 수집하고 낙타 운송 부대를 준비했습니다. 제아무리 칭기즈 칸이라도 몽골고원 중부의 고비 사막을 넘어오지는 않으리라 생각한 금나라는 여유를 부리며 방심하고 있었습니다. 하지만 칭기즈 칸은 모두의 예상을 깨고 사막을 건넜습니다. 그리고 포로로 잡았던 금나라의 기술자들까지 동원해 투석기를 만들어 성을 무너뜨리고 1213년 금나라를 정복하게 됩니다.[★★]

금나라를 정복한 칭기즈 칸은 이번에는 서쪽으로 눈을 돌렸습니다. 칭기즈 칸은 본격적인 전쟁에 앞서 중앙아시아의 호라즘 왕국에 사절단을 보내 평화로운 교역을 요구했습니다. 하지만 호라즘 왕국이 칭기즈 칸의 요구를 거절하고 사절단을 처형하자 수도 사마르칸트를 공격해 점령했습니다(1220년). 여기서 그치지 않고 러시아 남쪽 지역까지 진격 명령을 내렸지요.

전사의 죽음 후에는 무엇이 남았을까?

대제국을 건설한 알렉산드로스와 칭기즈 칸에게도 운명의 시간이 다가왔습니다. 알렉산드로스는 히다스페스 전투 이후 바빌론

[★★] 금나라는 그 이후 1234년 우구데이 칸 때 완전히 멸망했다.

으로 돌아오던 중 갑작스러운 고열에 시달렸습니다. 질병인지 독살인지 알 수 없는 원인으로 알렉산드로스는 후계자도 미처 정하지 못한 채 B.C. 323년에 숨을 거두었습니다. 그의 나이 겨우 서른세 살이었지요.

1226년 60세가 넘은 칭기즈 칸은 호라즘 원정에 참전하라는 명령을 거부한 서하를 공격하려고 준비하던 중 사냥을 나섰다가 말에서 떨어져 크게 다치고 말았습니다. 평생을 말 위에서 보냈던 그에게는 참으로 안타까운 일이었지요. 끝내 부상을 극복하지 못한 칭기즈 칸은 셋째 아들 우구데이를 다음 칸으로 지명한 뒤 이듬해 사망했습니다.

두 사람은 전쟁을 직접 진두지휘하며 싸운 정복자인 동시에 대제국을 세워 서로 다른 문화가 자연스레 만날 수 있는 장을 연 인물들이기도 합니다. 알렉산드로스 대왕은 부하들을 페르시아 여성들과 혼인시키고 자신도 페르시아의 공주와 결혼했습니다. 그리스와 아시아의 문화가 자연스럽게 섞이며 헬레니즘 문화가 깊이 뿌리내릴 수 있었지요. 칭기즈 칸의 자손들은 칭기즈 칸이 정복한 정복지를 연합해 거대한 몽골 연합체를 만들었고 비단길을 통해 여행자와 상인이 활발히 교류할 수 있도록 만들었습니다. 이들의 정복은 후대 사람들로부터 각각 헬레니즘 시대와 몽골의 평화(팍스 몽골리카)라 불리는 결과물을 낳았습니다.

   1부 맞수들, 세계를 움직이다

알렉산드로스 운명의 말, 부케팔로스

필리포스 2세는 알렉산드로스가 12세가 되자 말을 사 주기로 했다. 마침 시장에 너무 거칠게 날뛰어 사람들이 관심 갖지 않는 말이 있었다. 말을 유심히 관찰하던 알렉산드로스는 말이 그림자를 보고 놀란 것을 알아차리고, 말이 자신의 그림자를 보지 않게 한 뒤 길들였다. 알렉산드로스는 이 말에게 '황소의 뿔'이라는 뜻의 부케팔로스라는 이름을 붙여 주었다. 알렉산드로스는 부케팔로스를 타고 원정을 떠났고 인도 국경의 히다스페스 전투까지 함께 싸웠다.

알렉산드로스의 도시
알렉산드리아

이집트의 나일강 하류에는 지금도 알렉산드리아라는 도시가 있다. 항구 도시인 알렉산드리아는 지중해로 연결되는 해상 진출의 거점으로 건설되었다. 알렉산드리아는 현재 이집트에 위치한 곳을 비롯해 옛날에는 70여 개에 달할 정도로 많았다. 같은 이름의 도시가 이렇게나 많은 이유는 알렉산드로스가 자신이 정복한 지역에 새로 도시를 건설할 때마다 자신의 이름을 따 알렉산드리아라 이름 붙였기 때문이다.

오늘날까지 남아 있는 이집트의 알렉산드리아는 B.C. 332년쯤 만들어졌는데 당시 유명한 건축가였던 디노크레테스가 "헬레니즘 세계에서 단연 돋보이는 도시를 건설하라."는 명령을 받고 만들었다. 알렉산드리아에는 무려 122미터에 달하는 거대한 파로스 등대가 있었다고 전해지는데, 세계 7대 불가사의 중 하나로 꼽힌다. 아쉽게도 알렉산드로스는 알렉산드리아의 완공을 보지 못한 채 숨을 거두었지만, 그의 후계자 중 하나였던 프톨레마이오스가 이곳을 이집트의 수도로 삼아 번

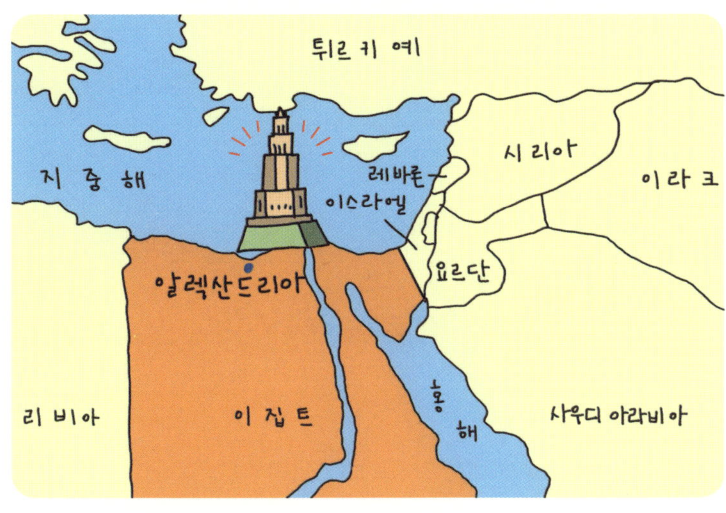

현재 이집트에는 알렉산드리아라는 항구 도시가 있고, 이는 알렉산드로스의 흔적이다.

영이 이어졌다.

도심에는 아테네 학당의 학자들을 초빙한 연구소이자 도서관이 있었다고 하는데 여러 민족의 계속된 침입으로 방치되고 파괴되어 오늘날에는 그 모습을 찾아볼 수 없다. 하지만 이집트의 알렉산드리아를 비롯한 70여 개의 알렉산드리아가 이어지는 길은 이후 헬레니즘 시대에 비단길과 연결되며 동서 교류의 문물을 전달하는 데 큰 역할을 하게 된다.

04

로마를 만든 두 지도자

율리우스 카이사르
vs
옥타비아누스 투리누스

로마의 역사를 이야기할 때 빠뜨릴 수 없는 대표적인 인물로 흔히 '줄리우스 시저'라 불리는 카이사르와 로마 최초로 황제(아우구스투스)가 된 옥타비아누스를 꼽습니다. 두 사람은 로마의 영광을 이끈 영웅이자 사람들에게 잘 알려진 여러 일화의 주인공이기도 하지요. 이탈리아 중부의 작은 언덕 마을에서 시작한 로마가 지중해, 유럽, 아시아, 아프리카를 잇는 넓은 영토를 차지하고 마침내 로마 제국을 이루기까지 카이사르와 옥타비아누스는 각각 어떤 역할을 했는지 지금부터 알아볼까요?

카이사르

- 생몰 : B.C. 100년 ~ B.C. 144년
- 국적 : 로마 공화국
- #왔노라, 보았노라, 이겼노라
  #주사위는 던져졌다
  #1차 삼두 정치

옥라비아누스

옥타비아누스

- 생몰 : B.C. 63년~14년
- 국적 : 로마 공화국
- #천천히 서둘러라! #악티움 해전
  #아우구스투스
  #임페라토르(로마군 최고사령관)
  #제1 시민(프린켑스)
  #로마 제정의 시작

기다려야 할 때인가? 결단을 내려야 할 때인가?

로마는 B.C. 753년에 이탈리아반도 중서부의 라티움 지역에서 건국되었습니다. 이때 로마는 초대 왕 로물루스를 비롯해 모두 일곱 명의 왕이 통치했으나 이들 대다수가 불행한 최후를 맞았습니다. 결국 로마에서는 B.C. 509년 왕정이 폐지되고 새로운 정치 형태인 공화정 체제가 도입되었습니다.

공화정은 옥타비아누스가 초대 황제가 되기까지 약 500년 동안 이어진 로마의 정치 체제였습니다. 오늘날 우리가 '공화국'이라고 사용하는 단어는 카이사르의 독재에 반대하던 로마의 정치가이자 철학자 키케로가 "국가는 한 사람의 권력자가 지배하는 것이 아닌 공공의 것(res publica)"이라는 의미로 쓴 것에서 비롯되었습니다. 그렇다면 오랫동안 이어져 온 공화국의 전통을 깨려

한 카이사르는 어떤 인물일까요?

　B.C. 60년, 로마에는 카이사르, 폼페이우스, 크라수스라는 유력한 세 정치가가 있었습니다. 이들은 권력을 다툰 경쟁자였지만 각자의 이해관계 때문에 로마를 같이 통치하기로 동맹을 맺는데 이를 제1차 삼두 정치*라고 합니다. 사실 삼두 정치는 법에 의해 공식화된 것이 아니라 세 사람이 사적으로 맺은 약속에 불과했기 때문에 언제든 해체될 수 있는 불안한 체제였습니다. 살얼음판 같은 동맹이 깨진 것은 크라수스가 사망하면서부터였습니다. 카이사르와 폼페이우스 사이에 갈등이 극에 달했고 이 두 사람은 로마의 일인자가 되기 위한 목숨 건 경쟁을 시작했습니다.

　당시 로마에서는 경험과 연륜을 중시하는 정치 문화가 있었기 때문에 폼페이우스에 비해 나이가 어린 카이사르가 권력을 차지할 확률은 그다지 높지 않았습니다. 게다가 폼페이우스는 시리아와 팔레스타인 등 동방 지역을 로마의 속주로 만드는 데 공을 세워 명망이 높았고, 귀족들로 구성된 회의 기관인 원로원 또한 자신들에게 적대적인 카이사르보다 폼페이우스의 편을 드는 것이 낫다고 생각했습니다. 이런 상황에서 카이사르에게 운명을 건 선

★　세 정치가의 사적인 담합으로 만들어진 정치 체제라는 뜻. 폼페이우스·크라수스·카이사르에 의한 제1차 삼두 정치가 있었고 옥타비아누스·안토니우스·레피두스에 의한 제2차 삼두 정치가 있었다.

택을 해야 할 순간이 다가옵니다.

B.C. 49년, 원로원은 갈리아(지금의 프랑스 지방) 총독으로 파견되어 있던 카이사르에게 로마로 돌아오라는 명령을 내렸습니다. 원로원과 폼페이우스는 카이사르가 임무를 마치고 로마로 돌아오면 제거할 계획이었지요. 소환령에 따라 로마로 향하던 카이사르는 마침내 루비콘강에 다다랐습니다. 당시에는 전쟁터에 나간 장군이 돌아올 때 루비콘강에 도착하면 나라에 충성한다는 의미로 무장을 해제하고 로마로 들어오는 전통이 있었습니다. 무기를 들고 강을 건너는 것은 곧 반역을 의미했지요. 고심하던 카이사르는 결단을 내리며 다음과 같이 외쳤다고 전해집니다.

"주사위는 던져졌다!"

그러고는 군대를 이끌고 로마로 들어가 단숨에 권력을 쟁취했지요. 이 이야기는 후세에도 전해져 지금도 사람들은 어떤 결심을 내릴 때 카이사르처럼 "주사위는 이미 던져졌다."고 표현하곤 합니다. 어쨌든 카이사르는 로마를 장악했고 오랜 기간 이어져 온 로마 공화정의 전통은 사실상 무너졌습니다.

카이사르의 최후와 옥타비아누스의 등장

권력을 잡은 카이사르는 다양한 분야에서 개혁을 추진했습니다. 계절과 맞지 않는 로마력 대신 1년을 365일 기준으로 만든 이집트 태양력을 도입해 행정 체계의 효율성과 농사 시기의 정확성을 높였습니다. 또 빈민을 위해 곡물과 땅을 나눠 주는 정책을 펼쳤으며 광장, 목욕탕, 극장 등을 건설해 로마 시민들의 삶의 질을 높이고 이를 통해 대중의 지지를 얻으려 했습니다.

그러나 카이사르는 명예와 권력에 지나칠 정도로 집착했습니다. 그는 연이어 로마 최고 관직인 집정관에 올라 국정을 장악했고, 6개월이던 독재관*의 임기를 10년으로 늘린 뒤 스스로 취임했지요. 게다가 개선 장군에게만 일시적으로 부여되는 '임페라토

★　전쟁이 자주 발생하는 로마에서 비상시를 대비해 권력을 부여하는 임시 관직이다.

르'라는 칭호를 계속 사용하기도 했습니다. 카이사르는 이미 실질적으로 왕과 다름 없었습니다.

원로원과 로마 시민들은 카이사르가 정말 왕이 되어 모든 권력을 혼자 차지하려고 하는 것이 아닌가 하고 불안해했습니다. 고심 끝에 일부 공화파 원로원 의원들은 카이사르를 제거하기로 결정했습니다. 결국 카이사르는 로마의 오랜 전통인 공화정을 파괴했다는 이유로 B.C. 44년 3월 15일 살해당했습니다. 그것도 그의 정적이었던 폼페이우스 동상 앞에서 말이죠.

카이사르 암살에는 원로원뿐만 아니라 카이사르가 양아들로 삼을 정도로 많은 사랑을 받았던 브루투스도 이 결정에 동의했습니다. 암살 사건이 일어난 뒤 브루투스는 로마 사람들에게 비난받자 이렇게 말했습니다.

"나는 카이사르를 사랑했지만 위대한 로마 공화정을 더 사랑했다."

카이사르가 죽은 뒤 로마에서는 새로운 인물들이 권력을 두고 치열하게 경쟁했습니다. 카이사르의 양자인 옥타비아누스, 카이사르와 오랫동안 전쟁터를 누볐던 안토니우스와 레피두스는 카이사르의 갑작스러운 죽음으로 세상이 혼란스러우니 세 사람이 힘을 모아 나라를 바로 세우자는 데 뜻을 같이했습니다. 이것을 제2차 삼두 정치라고 부릅니다.

〈율리우스 카이사르의 죽음〉, 빈센초 카무치니, 1805년.

　그런데 카이사르를 암살했던 공화정파를 몰아낸 뒤 옥타비아 누스와 안토니우스 사이에 갈등이 생겼습니다. 제2차 삼두 정치 도 깨지기 일보 직전이었지요. 셋 중 영향력이 가장 적었던 레피 두스가 경쟁에서 먼저 제외되었고 남은 두 사람이 최후의 승자를 가리기 위한 전쟁에 돌입했습니다.

　B.C. 31년 옥타비아누스는 악티움 해전에서 이집트의 클레오

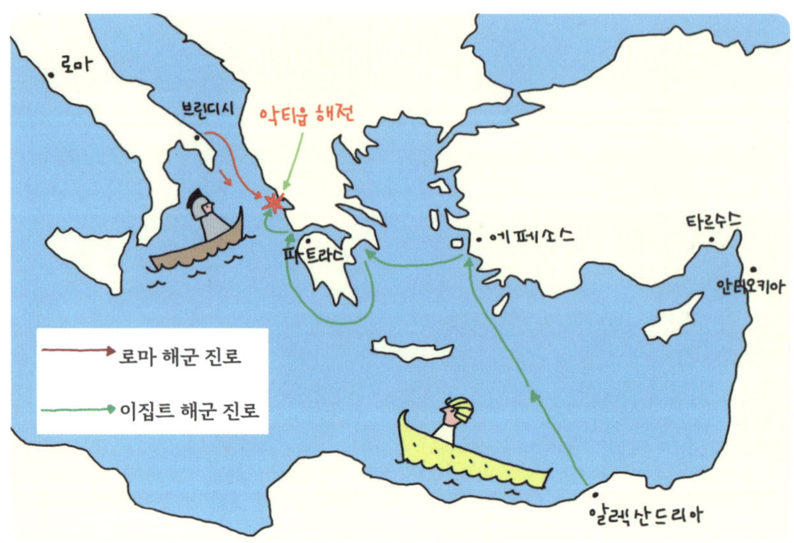

옥타비아누스는 악티움 해전에서 이집트의 클레오파트라와 연합한 안토니우스를 크게 물리친다.

파트라와 연합한 안토니우스를 상대로 큰 승리를 거두었습니다. 최후를 직감한 안토니우스는 스스로 목숨을 끊었지요. 이제 옥타비아누스가 로마의 최고 권력자가 되었습니다.

탁월한 능력으로 로마 제국을 만들다

옥타비아누스는 카이사르가 어떻게 죽었는지 누구보다도 잘 알았기 때문에 원로원을 섣불리 자극하지 않았습니다. 오히려 하나를 주고 하나를 얻는 '기브 앤 테이크' 전략을 쓰면서 원로원과 원만한 관계를 유지하려고 했지요. 한편으로는 기회가 있을 때마다 자신에게 반대하는 귀족을 제거하며 서서히 원로원도 장악해 나갔습니다.

옥타비아누스는 로마의 속주 중에서 갈리아, 이집트, 시리아와 같이 군사적으로 위험한 지역을 직접 다스렸습니다. 이 지역들을 관리한다는 것은 옥타비아누스의 리더십을 보여 줄 수 있는 동시에 로마 군대를 장악할 수 있는 기회이기도 했습니다. 위험 지역을 다스리려면 많은 군대가 필요했기 때문이지요. 그리고 속주에서 나오는 경제적 이익으로 로마의 재정도 확보할 수 있었습니다.

스스로 황제라 칭하지 않았지만 옥타비아누스가 이처럼 실질적으로 로마의 모든 권한을 갖게 되자 원로원은 그에게 '존엄한 자'를 의미하는 '아우구스투스'라는 칭호를 바쳤습니다. 이때부터 아우구스투스는 로마에서 황제가 다스리는 제정 시대를 처음으로 연 옥타비아누스를 지칭하는 말로 쓰이게 되었습니다.

옥타비아누스는 시민들이 언제든 물을 사용할 수 있도록 수도교를 만들고 식량을 제공했습니다. 또 원형 경기장을 건설해 검투 경기와 전차 경주를 즐기게 하면서 로마 시민들의 인기를 얻었습니다. 이를 '빵과 서커스' 정책이라고 합니다.

‘천천히 서둘러라.’ 이 모순적인 말은 옥타비아누스의 좌우명으로 알려져 있습니다. 우리식으로 표현하자면 ‘급할수록 돌아가라.’ 정도의 뜻입니다. 황제가 된 옥타비아누스는 자신의 좌우명처럼 성실하고 꾸준하게 해야 할 일들을 해 나갔고 그 결과 많은 업적을 성공적으로 이루었습니다. 그래서 역사가들은 그의 시대를 ‘아우구스투스의 평화’라 부를 정도로 안정적인 시기로 평가합니다.

카이사르와 옥타비아누스는 로마를 넘어 유럽의 역사를 이야기할 때 빼놓을 수 없는 인물들입니다. 카이사르는 오늘날 프랑스 지역을 로마 세력권으로 확장해 로마가 서양 문명의 토대가 되는 데 기여했고, 옥타비아누스는 그를 이어받아 로마의 평화가 지중해 세계에 가능하게 한 인물입니다. 그러나 카이사르는 황제가 아니었지만 황제처럼 행동하다 비극적인 최후를 맞았고, 옥타비아누스는 카이사르의 죽음을 교훈 삼아 황제의 자리에 올랐습니다. 죽은 카이사르가 황제가 된 옥타비아누스를 보았다면 무슨 생각을 했을까요?

카이사르 이름이 '카이사르'가 아니라고?

카이사르의 전체 이름은 '가이우스 율리우스 카이사르'다. 카이사르는 가문의 명칭이고, 율리우스는 우리나라 이름에서 성(姓)에 해당하는 씨족명이며, 가이우스는 태어나면서 받은 이름이다. 다시 말해 '율리우스 씨족, 카이사르 가문의 가이우스'로 풀이할 수 있다. 카이사르는 자신의 혈통에 대단한 자부심을 느꼈는데, 이는 율리우스 씨족의 뿌리가 트로이 전쟁의 영웅 아이네아스와 닿아 있었기 때문이었다. 트로이 함락 후 이탈리아 중부 라티움에 정착한 아이네아스의 16대손인 로물루스가 로마를 건국했으니, 카이사르에게 이 이름은 곧 로마의 시작이자 영광 그 자체였던 셈이다.

로마의 평화,
진정한 평화였을까?

B.C. 27년, 오랜 내전 끝에 아우구스투스가 로마의 실권자가 되었다. 혼란 속에서 새로운 질서를 세운 그는 '로마의 평화(Pax Romana, 팍스 로마나)' 시대를 열었다. 로마의 평화는 아우구스투스 즉위 후 약 200년 동안 제국이 안정적으로 유지되며 번영을 누린 시기를 말한다. 도로망이 정비되고 상업이 번성하며 법과 행정 체계가 자리 잡았다. 시장에는 이집트의 곡물과 동방의 향신료가 넘쳐났고 극장과 원형 경기장에서는 사람들의 환호성이 울려 퍼졌다. 영국의 역사가 에드워드 기번은 《로마 제국 쇠망사》에서 이 시기를 '인류 역사상 가장 행복했던 시대'라고 평가하기도 했다.

아우구스투스가 초석을 다진 이후 로마는 '5현제'라 불리는 다섯 명의 뛰어난 황제들이 등장하며 더욱 번영했다. 네르바, 트라야누스, 하드리아누스, 안토니누스 피우스 그리고 마르쿠스 아우렐리우스가 로마 역사의 황금기를 이끌었다. 특히 트라야누스 치하에서는 로마 제국의 영토가 최대 규모에 달했고, 하드리아누스는 장벽을 설치해 국경 방어를 철저히 했다. 마르쿠스 아우렐리우스는 《명상록》을 쓴 철학자로도 유명하며 스토아 철학을 실천해 제국을 안정적으로 이끌었다.

이 평화가 모두에게 공평했던 것은 아니다. 갈리아에서는 로마의 세금과 징집에 반발해 부족들이 반란을 일으켰고, 브리타니아에서는 여왕 보우디카가 로마의 억압에 맞서 싸웠으나 결국 진압되었다. 이처럼 '로마의 평화'라는 이름 아래서 안정과 번영은 군사력과 강압적인 통치로 유지되었던 것이다.

이러한 평화의 방식은 로마 제국에만 국한된 것은 아니었다. 13세기 몽골 제국의 '팍스 몽골리카(Pax Mongolica)', 그리고 현대 미국이 주도하는 '팍스 아메리카나(Pax Americana)' 역시 강력한 군사력과 경제력을 바탕으로 한 질서 유지 방식이다. 강력한 제국이 만들어 낸 안정 속에서 교역과 문화가 발전했지만 동시에 피지배층의 희생과 강제적 질서가 뒤따랐다.

'팍스'라는 이름이 붙은 평화는 과연 누구를 위한 것이었을까? '로마의 평화'가 로마에는 번영을, 어떤 곳에는 억압을 가져왔듯 몽골과 미국의 평화 또한 동일한 양면성을 지닌다. 역사는 반복되며 우리는 여전히 같은 질문을 던진다. 힘으로 유지된 평화가 과연 진정한 평화일까, 아니면 지배의 또 다른 형태일까?

세상을 지배한 여성 통치자

클레오파트라 7세

vs

측천무후

역사 속에 큰 발자취를 남긴 여성을 찾는 일은 과장을 보태 하늘의 별을 따는 것만큼 어렵습니다. 더군다나 권력을 손에 쥐고 정치의 정점에 선 여성을 찾기란 더욱 어렵지요. 이 장에서 소개할 두 인물은 여성의 몸으로 천하를 발밑에 두고자 했습니다. 후대 사람들은 이 두 사람을 뛰어난 정치가로 혹은 천하의 악녀로 극명하게 대비를 이루는 평가를 내리고 있습니다. 두 사람은 어떤 삶을 살았는지 함께 이야기를 들으러 떠나 볼까요?

클레오파트라 7세

- 생몰 : B.C. 69년 ~ B.C. 30년
- 국적 : 이집트
- #마지막 파라오
  #카이사르와 안토니우스의 연인
  #악티움 해전의 패배

클레오파트라 7세  측천무후

측천무후

- 생몰 : 624년 ~ 705년
- 국적 : 중국 당나라
- #유일무이한 여황제
  #잔혹한 악녀 #글자 없는 비석

두 여성이 발밑에 두려 한 세상

클레오파트라가 왕위에 오르기 전 이집트가 처한 상황은 그다지 좋지 않았습니다. 당시 강대국 로마는 이집트에 대한 영향력을 강화하고 있었으며 이집트 내에서도 지배층의 무능으로 피지배층의 불만이 쏟아지던 시기였죠. 게다가 클레오파트라의 아버지 프톨레마이오스 12세는 지나치게 로마에 의존하고 있었습니다. B.C. 58년에는 이집트에서 발생한 반란을 피해 로마로 도망치기까지 했습니다. 이 시기 로마에는 우리에게 잘 알려진 인물들이 등장합니다. 제1차 삼두 정치의 승리자인 카이사르, 로마의 첫 황제 옥타비아누스와 권력을 두고 싸운 안토니우스도 클레오파트라와 관련 깊은 인물들입니다.

그러면 측천무후가 살았던 시기 중국은 어땠을까요? 측천무

후의 첫 번째 남편이었던 태종은 이전까지 중국 왕조의 골칫거리였던 돌궐을 정복해 영토를 크게 확장했고 당나라의 기틀을 세운 인물입니다. 사람들은 이 시기를 당 태종의 연호인 '정관'을 따와서 '정관의 치'라 불렀습니다. 태종은 우리나라 역사와도 관련이 깊은 인물입니다. 신라가 삼국을 통일하기 위해 당과 나당 연합군을 결성해 백제와 고구려를 공격하는데, 이때 당나라의 황제가 바로 태종이었습니다.

이집트의 독립국 유지를 위한 선택

"만약 클레오파트라의 코가 조금만 낮았다면, 지상의 모든 표면은 달라졌을 것이다!"

　프랑스의 수학자 파스칼이 남긴 말입니다. 이집트의 여왕 클레오파트라가 조금만 덜 아름다웠어도 안토니우스는 그녀를 사랑하지 않았을 테고 그랬다면 안토니우스가 옥타비아누스 대신 로마를 지배할 수 있었을지도 모른다는 뜻을 담고 있습니다. 이처럼 클레오파트라는 오늘날 우리에게 아름다움의 대명사로 알려져 있습니다.

　B.C. 51년 클레오파트라는 남동생 프톨레마이오스 13세와 공동 왕으로서 나라를 통치했습니다. 그런데 이집트의 귀족들은 공공연하게 프톨레마이오스 13세만을 지지했고 급기야 클레오파트라는 권력을 빼앗길 위기에 처하게 되었습니다. 그때 구세주로 등장한 인물이 지중해 전역을 차지한 로마의 카이사르였습니다.

　카이사르는 자신에게 우호적인 이집트 지도자가 필요했고 클레오파트라는 자신의 자리를 되찾아 줄 힘이 간절했습니다. 두 사람의 이해관계가 딱 들어맞았던 것이죠. 카이사르와 연인이 된 클레오파트라는 그와의 사이에서 카이사리온이라는 아들을 두었고, 이에 두 사람의 관계는 공고해 보였습니다. 하지만 B.C. 44년 카이사르가 갑자기 죽음을 맞으며 상황은 바뀌게 됩니다.

　클레오파트라는 새로운 정치적 후원자를 찾아 이전처럼 로마와 우호를 다지고 자신의 지위를 굳건히 해야 했습니다. 로마 지

여신 이시스(왼쪽)에게 공물을 바치는 파라오 복장의 클레오파트라(오른쪽), B.C. 51년.

도자와의 관계는 그녀 자신을 위해서 그리고 이집트가 독립국 지위를 유지하기 위해서도 꼭 필요한 일이었습니다. 클레오파트라가 선택한 사람은 안토니우스였습니다.

안토니우스는 카이사르의 유언장을 직접 읽을 만큼 카이사르와 가까운 사이였고 수많은 전투를 거치며 명성을 쌓은 사람이었습니다. 카이사르가 죽은 뒤 안토니우스는 카이사르의 후계자인 옥타비아누스와 로마를 두고 세력을 다투고 있었습니다. 클레오파트라는 안토니우스 편에 서서 옥타비아누스에 대항했지만 결국 클레오파트라와 안토니우스는 B.C. 31년 악티움 해전에서 옥타비아누스 군대에 크게 패배하고 말았습니다. 패배한 클레오파트라와 안토니우스는 자살로 생을 마감했습니다.

잔인한 권력 투쟁의 길

중국 사람들은 한나라를 건국한 고조의 황후 여태후, 청나라의 서태후, 그리고 이 장에서 살펴볼 측천무후를 중국 역사의 3대 악녀라 부릅니다. 과연 측천무후는 어떤 사람이기에 이러한 오명을 썼을까요?

측천무후는 아름다운 외모를 지녀 어린 나이에 궁으로 들어가게 되었고 당나라 태종의 후궁이 되었습니다. 그녀가 14세의 나이로 후궁이 되었을 당시 태종은 39세로 측천무후보다는 훨씬 많은 나이였습니다. 그런데 태종의 병간호를 하던 측천무후 앞에 황태자가 나타났습니다. 자연스레 만남이 잦아지며 두 사람은 사랑에 빠지게 되죠. 하지만 두 사람은 결코 이루어질 수 없는 관계였습니다.

649년 측천무후는 태종이 죽자 관례에 따라 절에 들어가 승려가 되었고 황태자는 황제의 자리에 올라 훗날 고종이라 불리게 됩니다. 그리고 아버지 태종의 명복을 빌기 위해 방문한 절에서 두 사람은 운명처럼 다시 만났습니다.

당시 고종의 황후였던 왕황후는 소숙비라는 후궁을 견제하기 위해 측천무후가 궁에 들어올 수 있도록 적극적으로 도왔는데 이는 호랑이를 불러들인 셈이나 다름없었습니다.

궁에 돌아온 측천무후는 왕황후를 폐위하고 더 나아가 태종의 후궁 시절 배웠던 정치 능력과 판단력으로 고종의 정치적 조언자가 되었습니다.

655년 조정의 반대에도 불구하고 그녀는 정식으로 고종의 황후가 되어 적극적으로 정치에 참여했습니다. 인사 개혁을 단행해 반대파를 몰아내고 자신의 지지 세력을 적재적소에 등용했지요. 그렇게 세력을 키운 측천무후는 두 명의 황제라는 뜻의 '이성(二聖)'이라는 칭호를 얻었으며, 사람들에게 천후라 불리게 됩니

중국 산시성 첸현에 위치한 건릉(乾陵)은 당 고종과 그의 아내 측천무후의 합장지로 당나라 18릉 중 보존 상태가 가장 좋다.

다. 그 뒤 고종의 건강이 나빠지며 그녀의 권력은 한층 더 강해졌지요.

하지만 그녀가 권력을 탐하기만 했던 것은 아닙니다. 측천무후는 건업12조를 통해 백성의 세금을 줄이도록 했습니다. 농업 관련 서적을 만들어 배포하고 경제에 관심을 두어 탄탄해진 재정을 바탕으로 영토를 확장하기도 했습니다.

그녀는 이에 만족하지 않고 스스로 황제가 되기로 마음먹었습니다. 세상을 발밑에 두고 천하를 호령하려는 그녀에게는 자신이 낳은 아들 역시 방해물에 불과했습니다. 고종의 뒤를 이을 태자가 갑자기 사망하고 둘째 아들은 황태자가 된 지 5년 만에 측천무후에 의해 폐위되었습니다. 이어 황태자가 된 셋째 아들 역시 즉위 2개월 만에 폐위되고 결국 측천무후의 막내아들이 왕위를 이었는데 놀랍게도 그녀는 왕인 아들을 궁에 가두고 외부와 연락을 끊어 버렸습니다.

690년 결국 측천무후는 스스로 황제에 즉위해 국호를 '주'로 바꿨습니다. 중국 역사상 권력을 잡은 여성들은 있었으나 황제의 자리에 오른 사람은 오로지 그녀 한 사람뿐입니다. 황제가 된 측

천무후가 다스리던 시기의 중국은 인구가 증가하고 경제도 발전했습니다. 측천무후는 '무주'라 불렸는데 어떤 역사가들은 측천무후의 치세를 '무주의 치'라 부르기도 했습니다.

측천무후와 클레오파트라를 긍정적으로 평가하는 관점에서는 두 인물을 치열한 경쟁 속에서 다양한 정치적 수단을 활용해 권력을 확보하고 이후 통치자로서 능력을 충분히 발휘한 인물로 봅니다. 반면 부정적으로 평가하는 관점에서는 측천무후의 잔혹성을 강조하고, 성적 이미지를 중심으로 클레오파트라를 묘사하는 경향이 있지요.

클레오파트라와 측천무후, 두 사람에 대한 극명히 다른 평가는 어디서 비롯되었을까요? 여성이기에 부각되거나 혹은 오히려 주목받지 못했던 부분은 없었을까요? 여성이라는 성별을 떠나 객관적이고 구체적인 역사적 사실로 클레오파트라와 측천무후를을 바라보고 생각하는 시간을 가져 보면 좋겠습니다.

글자가 없는 비석, 무자비

당나라 수도였던 중국 시안(장안)에 가면 당나라 황실의 무덤인 건릉을 볼 수 있다. 건릉에는 고종과 측천무후가 묻혀 있으며, 방문객들로 인해 문전성시를 이루는 곳이다. 특히 사람들의 이목을 끄는 것은 높이 8미터에 달하는 거대한 측천무후의 묘비이다. 일반적으로 묘비에는 죽은 사람의 공덕을 새겨 놓는데, 측천무후의 묘비에는 아무런 글자도 새겨져 있지 않아 무자비라 불린다.

이렇게 무자비가 세워진 이유는 측천무후가 여자로서 황제가 된 자신의 업적을 후세 사람들에게 공정하게 평가받기를 원해서 자신의 묘비에 아무것도 새기 말라는 유언을 남겼기 때문이라고 전해진다.

합스부르크가의 여성 통치자 마리아 테레지아

오늘날 오스트리아를 여행하면 빼놓을 수 없는 곳이 바로 쇤브룬 궁전이다. 화려하고 아름다운 이 궁전에는 오스트리아의 여성 군주 마리아 테레지아의 흔적이 곳곳에 남아 있다.

마리아 테레지아의 아버지 칼 6세는 아들이 없는 상황에서 딸이 왕위를 이을 수 있도록 왕위 상속법을 개정했고 그에 따라 장녀 마리아 테레지아가 왕위를 상속했다. 하지만 왕위에 오른 마리아 테레지아에게 위기가 찾아왔다. 프로이센의 침략으로 오스트리아 왕위 계승 전쟁이 시작된 것이다. 마리아 테레지아는 여러 위기를 넘기며 왕위를 인정받았다.

마리아 테레지아는 전쟁을 통해 강력한 군대의 중요성을 알게 되었다. 그리고 강한 군대를 육성하기 위해 국가 재정을 탄탄히 하는 일에도 관심을 두게 되었다. 그녀는 귀족과 성직자들에게 세금을 부과했으며 사관 학교를 창설했다. 교육에도 관심이 많아 학교 제도를 마련하는 등 다방면으로 정책을 시행했다.

〈마리아 테레지아의 초상〉,
마르틴 판 마이텐스, 1759년.

마리아 테레지아는 국경을 맞댄 프로이센을 고립시키기 위해 프랑스에 손을 내밀었고 프랑스가 이에 화답하며 두 국가는 동맹을 결성했다. 그리고 동맹을 더욱 견고히 하기 위해 막내 딸 마리아 안토니아와 루이 15세의 손자를 결혼시키기로 했다. 이들이 그 유명한 마리 앙투아네트와 루이 16세다. 마리아 테레지아는 총 열여섯 명의 아이를 낳았는데, 자신이 죽을 때까지 장남 요제프와 국가를 공동 통치했다.

06

콘스탄티노폴리스의 건설자와 정복자

한때 콘스탄티노폴리스라 불렸던 튀르키예의 최대 도시 이스탄불은 1600년이 넘는 시간 동안 비잔티움 제국과 오스만 제국의 수도 역할을 했던 유서 깊은 도시입니다. 그리고 동시대에 살지는 않았지만, 각자의 시대에서 이스탄불의 역사와 문화를 풍성하게 만든 두 사람이 있습니다. 바로 콘스탄티누스 1세와 메흐메트 2세지요. 서양과 동양이 만나는 곳에 위치한 이스탄불을 번영으로 이끈 두 사람의 이야기를 들으러 떠나 볼까요?

콘스탄티누스 1세

- 생몰 : 272년~337년
- 국적 : 로마 제국
- #콘스탄티노폴리스 건설자 #크리스트교 공인 #최초의 대제

콘스탄티누스 1세

메흐메트 2세

메흐메트 2세

- 생몰 : 1432년~1481년
- 국적 : 오스만 제국
- #콘스탄티노폴리스 정복자 #로마 제국의 계승자 #오스만 제국의 술탄

새로운 로마를 건설하다

지중해를 둘러싼 모든 땅을 장악하며 지중해를 '로마의 호수'라 부를 만큼 번성했던 로마 제국도 3세기가 되자 혼란에 빠져들었습니다. 군대에 의해 황제가 선출되고 다시 군대에 의해 폐위되거나 살해당하며 군인이 계속 황제가 되는 군인 황제 시대를 맞은 것이지요.

디오클레티아누스 황제는 이런 혼란을 극복하고 넓은 영토를 효과적으로 다스리기 위해 3세기 말 로마 제국의 영토를 동방과 서방으로 나누고 다시 동방과 서방을 각각 둘로 나눴습니다. 이렇게 네 곳으로 나뉜 로마에 두 명의 황제와 두 명의 부황제를 두어 영토를 다스리게 했지요. 디오클레티아누스 자신은 동방의 황제이자 제국 전체를 대표하는 황제가 되었습니다.

로마의 장군이었던 콘스탄티누스 1세는 디오클레티아누스 때

여러 전쟁에 참전해 뛰어난 능력을 보여 주며 서방의 황제 자리
에까지 올랐습니다. 그 뒤 오랜 내전을 거쳐 나머지 황제들을 굴
복시키고 324년 제국의 유일한 황제가 되었지요. 콘스탄티누스 1
세는 쇠락한 서쪽의 로마를 버리고 동쪽에 있는 비잔티움이라는
도시를 새로운 수도로 정했습니다. 그리고 비잔티움은 이때부터
‘콘스탄티누스의 도시’라는 뜻의 ‘콘스탄티노폴리스’ 또는 ‘노바
로마(Nova Roma)’, 즉 ‘새로운 로마’로 불리며 로마 제국의 중심이
되었지요.

콘스탄티누스 1세가 남긴 또 다른 업적은 313년 밀라노 칙령
을 선포해 크리스트교를 공식적으로 인정한 일입니다. 그러면서
도 기존 종교를 차별하거나 억압하지 않고 사회 통합을 유지하고
자 했지요. 또 디오클레티아누스의 개혁 정
책을 이어받아 행정 체제와 군사 제도를
개혁함으로써 제국의 혼란을 극
복하려고 했습니다. 로마
제국의 혼란을 수습하
고 기독교 공인이나 콘
스탄티노폴리스 건설
등으로 후대에 큰
영향을 미친 업적을

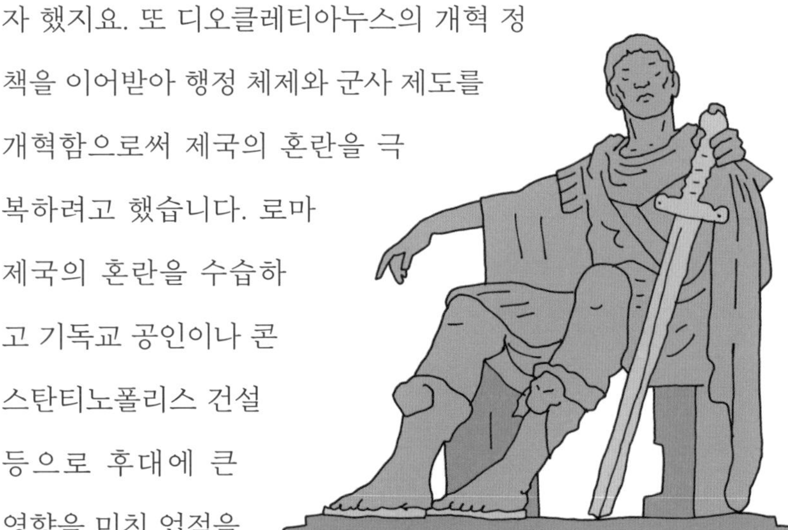

인정받아 콘스탄티누스 1세는 '대제(the Great)'라는 칭호를 얻었습니다.

난공불락의 요새 콘스탄티노폴리스

로마 제국의 수도가 된 콘스탄티노폴리스는 395년 로마 제국이 서로마 제국과 비잔티움 제국(동로마 제국)으로 갈라지면서 비잔티움 제국의 수도가 되었습니다. 서로마 제국은 476년에 멸망했지만 비잔티움 제국은 이후 천여 년 더 지속되었지요. 그동안 콘스탄티노폴리스는 유럽과 아시아를 잇는 동서 무역의 중심지로, 손꼽히는 대도시가 되었습니다.

도시 규모가 커지면서 콘스탄티누스 1세 때 세워진 성벽이 도시 전부를 방어하기 힘들어지자 408년에 즉위한 비잔티움 제국의 황제 테오도시우스 2세는 새로 성벽을 쌓았습니다. 테오도시우스 성벽이라고도 불리는 이 새로운 성벽은 3중으로 만들어져 적이 성벽을 뚫고 콘스탄티노폴리스에 진입하기란 사실상 불가능에 가까웠지요.

콘스탄티노폴리스는 삼면이 바다에 접해 있지만 바다로 접근하는 일도 어려웠습니다. 물살이 워낙 빠를 뿐만 아니라 바다 쪽으로도 성벽이 건설되어 있었기 때문입니다. 콘스탄티노폴리스는 지리적 요건과 인간의 노력이 합쳐져 난공불락의 요새가 되었고 이민족의 침략을 20여 차례나 막아 냈습니다.

콘스탄티노폴리스를 노린 오스만 제국

천 년이 넘도록 로마 제국의 영광을 이어 왔던 비잔티움 제국도 쇠락을 피할 수 없었습니다. 14세기 들어 계속되는 지배층의 내분과 다시 번진 흑사병의 공포로 비잔티움 제국은 콘스탄티노폴리스와 몇몇 도시를 제외한 영토 대부분을 적들에게 넘겨줄 수밖에 없었지요. 특히 동쪽에서 새로운 강자로 떠오른 오스만 제국

테오도시우스의 성벽. 마르마라 해부터 금각만까지 이어진 난공불락의 3중 성벽으로 오늘날까지 대부분 남아 있다.

이 비잔티움 제국의 숨통을 조여들어 왔습니다. 이때 오스만 제국 최고 지도자인 술탄은 겨우 스물한 살에 불과했던 메흐메트 2세였습니다.

1444년에 즉위한 메흐메트 2세에게는 아버지 무라트 2세의 그림자가 짙게 드리워져 있었습니다. 패기 넘치는 젊은 술탄 메흐메트 2세는 아버지 대부터 충신이었던 재상 할릴 파샤와 사사건건 부딪쳤지요. 대립 과정에서 군부의 지지까지 잃을 위기에 처한 메흐메트 2세에게는 권력을 다질 확실한 업적이 필요했고, 난공불락의 콘스탄티노폴리스를 정복하겠다는 야심 찬 목표를 세웠습니다.

콘스탄티노폴리스를 함락하다

오스만 제국의 공격은 매서웠습니다. 우수한 성능의 대포와 오랜 전투로 훈련된 정예병까지 동원해 콘스탄티노폴리스의 성벽을 넘고자 했지요. 하지만 콘스탄티노폴리스도 호락호락하지 않았습니다. 대포로 파괴된 성벽은 귀신같이 보수되었고 수비병들은 좁은 공간을 활용해 수적인 열세를 극복했습니다. 바다를 통한 공격 역시 여의치 못했고 전투는 생각보다 길어졌습니다.

난공불락의 성벽 중 그나마 뚫기 쉬웠던 곳은 콘스탄티노폴리스를 끼고 도는 해협인 금각만 안쪽이었습니다. 비잔티움 제국도

　　　　　　　　　　　　

당연히 이를 알았기 때문에 적군의 함선이 들어오는 것을 막기 위해 금각만 입구에 쇠사슬을 설치했지요. 하지만 메흐메트 2세는 기발한 발상으로 분위기를 반전시킵니다. 쇠사슬을 굳이 뚫으려 하지 않고 바퀴 달린 받침대를 배 밑으로 가라앉힌 다음 도르래를 이용해 배를 육지로 끌어올리는 전략이었습니다. 그러고는 배를 산으로 넘겨 쇠사슬을 우회했습니다. 말 그대로 배가 산으로 가도록 한 전술이었지요.

콘스탄티노폴리스 내부의 방어 병력이 분산되고 수비병들의 사기가 떨어질 대로 떨어지자 메흐메트 2세는 다시 총공격 명령

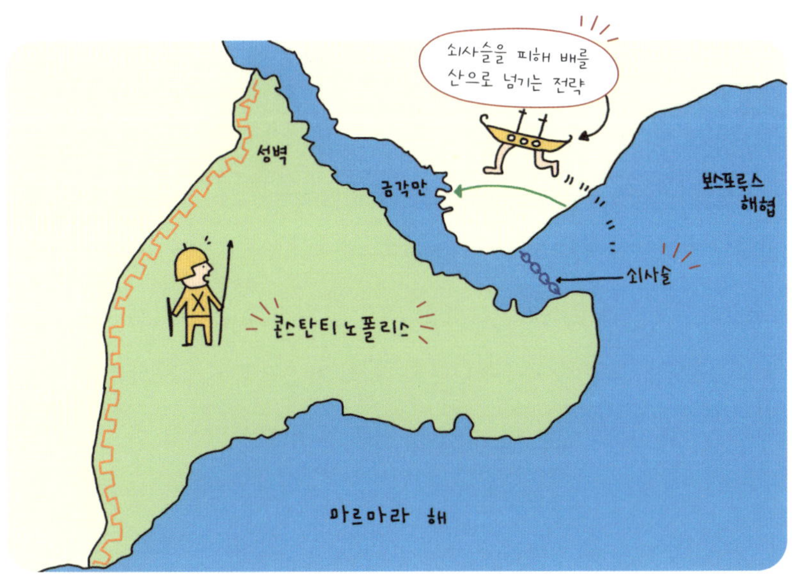

메흐메트 2세는 콘스탄티노폴리스를 정복하기 위해 배를 육지로 끌어올려 우회하는 방법을 사용했다.

을 내렸습니다. 비잔티움 제국 또한 황제가 직접 나서서 목숨을 걸고 싸울 만큼 필사적으로 맞섰지요. 그런데 작은 실수로 콘스탄티노폴리스의 방어벽이 어처구니없이 무너지고 말았습니다. 수비병이 성벽 구석의 작은 문을 잠그는 일을 깜빡한 것입니다. 기회를 놓치지 않고 이 문을 통해 성내로 진입한 오스만 제국 군대는 결국 성문을 활짝 열어젖힙니다. 치열했던 공방전은 이처럼 다소 허무하게 끝을 맺었고 1453년 비잔티움 제국은 결국 멸망하고 말았지요.

이후에도 콘스탄티노폴리스는 튀르크어로 '콘스탄티누스의 것'이라는 뜻의 '코스탄티니예'로 불립니다. 오스만 제국이 오랜 전통과 역사를 지닌 비잔티움 제국을 계승했음을 내세웠기 때문이지요. 하지만 19세기 들어 튀르크 민족주의가 유행하면서 '코스탄티니예'와 같은 명칭 대신 튀르크어로 '도시'라는 뜻의 '이스탄불'이라는 명칭이 굳어지게 되었습니다.

콘스탄티노폴리스는 건설자 콘스탄티누스 1세 이래 비잔티움 제국으로 발전하며 동유럽 문화를 꽃피웠습니다. 정복자인 메흐메트 2세와 이후 오스만 제국 술탄들은 이를 무작정 파괴하지 않고 그 위에 이슬람 문화를 쌓아 올렸지요. 두 사람의 숨결이 살아 숨 쉬는 이스탄불은 현재 도시 전체가 유네스코 세계 문화유산으로 지정되어 세계에서 가장 많은 관광객이 방문하는 곳이기도 합니다.

　콘스탄티노폴리스와의 관련성 외에도 콘스탄티누스 1세와 메흐메트 2세에게서는 핵심적인 공통점을 찾을 수 있습니다. 바로 기존 질서를 뒤집고 제국이 나아가야 할 방향을 제시했다는 점이지요. 콘스탄티누스 1세는 로마 제국을 크리스트교 중심 국가로 바꿔 놓고 로마 제국의 중심을 동쪽으로 옮겼습니다. 메흐메트 2세는 비잔티움 제국을 멸망시키고 새로운 세계 질서를 확립했지요. 이처럼 두 인물은 각기 다른 시대에서 역사적 전환기를 이끈 훌륭한 지도자라 할 수 있습니다.

성 소피아 대성당의
1500년 변천사

콘스탄티노폴리스를 점령한 메흐메트 2세는 가장 먼저 성 소피아 대성당에 발을 들였다. 유례없이 웅장했던 대성당 내부를 바라보며 그는 어떤 생각을 했을까? 콘스탄티노폴리스를 건설한 콘스탄티누스 1세를 떠올렸을 수도 있고 성 소피아 대성당을 축성한 뒤 "솔로몬이여, 내 그대를 이겼노라!"고 외쳤다 전해지는 유스티니아누스 황제를 떠올렸을 수도 있다. 아니면 그저 인생무상을 실감했을지도 모른다.

메흐메트 2세는 이 성당을 이슬람의 예배당인 모스크로 바꾸라고 지시했다. 모스크가 된 성 소피아 대성당은 아야 소피아라는 새로운 이름을 갖게 되었다. 이후 모스크 양식에 맞게 건물은 이슬람의 성지인 메카 방향으로 살짝 틀어졌으며 외부에는 미녀렛이라는 이름의 탑 네 개가 세워졌다. 내부의 화려한 모자이크 위에 회칠이 입혀졌고 그 위에 이슬람 경전인 쿠란의 내용이 새겨지기도 했다. 하지만 이 회칠 덕분에 오늘날 복원된 성화의 모습을 확인할 수 있으니 사람 일이란 알 수 없는 노릇이다.

성 소피아 대성당 외부(왼쪽)와 내부(오른쪽) 모습.

1923년 무스타파 케말은 오스만 제국을 무너뜨리고 튀르키예 공화국을 세웠다. 그리고 1935년 아야 소피아는 무스타파 케말의 개혁 정책에 따라 박물관으로 바뀌어 대중에게 개방되었다. 그러나 2020년 튀르키예 대통령 에르도안은 전 세계의 우려에도 불구하고 아야 소피아를 박물관에서 다시 모스크로 되돌리는 결정을 내렸다. 이제 벽면 가득한 기독교 벽화의 운명은 '기도 시간에만 커튼으로 가릴 것'이라는 에르도안의 '자비'에 달리게 되었다.

콘스탄티노폴리스의 역사 속에서 산전수전 다 겪은 성 소피아 대성당, 아니 아야 소피아는 오늘날에도 묵묵히 그 자리에서 튀르키예를 찾은 관광객과 무슬림을 맞이하고 있다.

2부

새로운 세계를
꿈꾼 맞수들

맞수 🔍

힘, 재주, 기량 따위가 서로 비슷하여
우열을 가리기 어려운 상대

07

불교를 널리 전파한 두 왕

아소카 대제
vs
카니슈카 1세

석가모니의 깨달음에서 탄생한 불교는 오늘날 세계적인 종교가 되었습니다. 불교가 인도의 작은 나라에서 시작되어 전 세계에 퍼지게 된데에는 두 명의 왕이 큰 역할을 했지요. 바로 마우리아 왕조의 아소카왕과 쿠샨 왕조의 카니슈카왕입니다. 두 사람은 지금까지도 인도 역사속 위대한 군주로 평가받습니다. 비슷한 점이 많은 두 왕의 이야기를고대 인도의 정치·사회·문화와 함께 들으러 가 볼까요?

아소카 대제

- 생몰 : B.C. 304년~B.C. 232년
- 국적 : 마우리아 왕조
- #상좌부 불교 #아소카 대왕
  #피의 군주 #아대륙 통일

아소카
대제

카니슈카
1세

카니슈카 1세

- 생몰 : 2세기 무렵
- 국적 : 쿠샨 왕조
- #대승 불교 #불교의 보호자
  #간다라 미술

거대한 땅 인도

인도는 보통 '아대륙'이라고도 불립니다. '아(亞)'라는 한자에는 '버금'이라는 뜻이 있지요. 즉, 대륙에 버금가는 큰 땅덩어리라는 겁니다. '지구의 지붕'이라 불리는 히말라야산맥으로 인해 인도는 하나의 대륙과 같은 지리적 특징을 띄게 되었습니다. 히말라야산맥은 거대한 방패가 되어 외부 세력의 침입을 막는 역할도 했지요. 하지만 히말라야산맥에서 시작해 인도 서북쪽으로 흐르는 인더스강은 인더스 문명을 탄생시킨 강인 동시에 수많은 이민족이 침입하는 통로가 되기도 했습니다. 인더스강이 인도로 들어올 수 있는 거의 유일한 통로였기 때문이지요.

인도에 최초로 침입한 유목민인 아리아인은 인더스 문명을 일군 원주민에 비해 피부색이 밝았습니다. 오랜 기간에 걸쳐 원주민을 정복한 아리아인은 피부색과 직업에 기반한 차별적인 신분 제도인 카스트제를 만들었습니다. 사제 계급인 브라만이 중심이 되며 신분의 차이를 긍정하는 종교인 브라만교도 만들었지요.

아리아인들은 수많은 나라를 건설했고 치열한 전쟁을 벌였습니다. 그 과정에서 왕족·무사 계급인 크샤트리아와 평민·상인 계급인 바이샤가 성장했지요. 한편 왕족 출신 석가모니는 깨달음을 얻고 해탈에 이르러 불교를 창시했습니다. 자비와 평등을 강조한 불교는 브라만의 정치적·종교적 권력 독점에 불만을 품었던 크샤트리아와 바이샤 계급의 지지를 받았습니다.

마우리아 왕조의 아소카왕

많은 나라로 나뉜 인도를 통일한 첫 번째 왕조는 찬드라굽타 마우리아가 세운 마우리아 왕조였습니다. 아리아인이 아닌 원주민 출신의 찬드라굽타는 B.C. 322년경 중앙 집권제를 확립하고 강력한 나라를 건설했지요. 마우리아 왕조는 찬드라굽타의 손자 아소카왕 때 전성기를 맞이했습니다.

아소카왕은 인도 역사에서 가장 훌륭한 군주로 평가받지만 잔혹하기로도 유명한 왕입니다. 일단 경쟁자였던 형제 99명을 모두 죽이고 왕위에 올랐다는 기록이 있으며 이후 10여 년 동안의 통

일 전쟁 과정에서 정복지의 군대와 백성을 수없이 죽여 인도 아대륙을 피로 물들였지요.

어느 날, 자랑스럽게 정복지를 둘러보던 아소카왕은 자신의 군대가 저지른 학살의 흔적과 살아남은 자들의 눈빛을 보고 큰 충격에 빠졌습니다. 그는 후회와 슬픔에 휩싸여 B.C. 260년경 불교에 귀의하게 되었습니다.

아소카왕의 불교 전파

아소카왕은 인도 역사상 최초로 인도 아대륙을 통일한 인물입니다. 효율적인 통치를 위해 문자와 언어를 통일하고 영토 곳곳에 국가 정책과 자신의 가르침을 새긴 돌기둥을 세우기도 했습니다. 통일 과정에서는 영토를 정복하고 그에 따르는 희생이 불가피했지만 이제는 통합이 필요한 시기였습니다.

아소카왕은 침략 전쟁을 멈추고 석가모니의 가르침에 따른 정치를 펼치기 시작했습니다. 곳곳에 불탑을 세우고 스리랑카를 포함한 여러 지역에 승려를 보내 불교를 전파했지요. 보육원과 양

아소카왕의 돌기둥과 꼭대기의 사자 모양 장식(왼쪽). 오늘날 인도 공화국의 국장(國章)으로도 쓰인다(오른쪽).

로원을 지어 약자를 돌보고 동물 학대 금지 법령을 만들었으며 동물병원을 지어 생명 존중의 정신을 알리기도 했습니다.

이런 정책들은 물론 아소카왕의 뉘우침에서 비롯되었다고 볼 수도 있습니다. 하지만 아소카왕이 불교를 받아들이고 전파한 데에는 또 다른 의도가 있었습니다. 불교는 브라만교의 권위주의와 신분 차별에 반대하며 자비와 평등을 내세운 종교였습니다. 서로 다른 민족과 종교를 다스리는 데 불교가 큰 역할을 했지요. 과거 무자비했던 자기 모습에서 벗어나 관용의 군주로서 이미지를 만들기에도 안성맞춤이었습니다. 기득권인 브라만교와 브라만 신분의 영향력을 약화하기에도 좋았을 것입니다.

쿠샨 왕조

마우리아 왕조는 아소카왕이 죽은 이후 급속도로 쇠퇴합니다. 아소카왕에게 점령당했던 지역들이 다시 마우리아 왕조에 반기를 들고 독립하기 시작했습니다. 아소카왕의 노력만으로 통합되기에 인도가 너무 거대했던 것이지요. 수많은 나라가 생겨난 인도 아대륙에 인더스강 너머의 이민족이 다시 침입하기 시작했습니다.

중앙아시아 유목민이었던 쿠샨족은 B.C. 2세기 중엽 마우리아 왕조가 붕괴하고 생긴 힘의 공백을 틈타 쿠샨 왕조를 세웠습니다. 인도 아대륙을 통일한 아소카왕의 마우리아 왕조와 달리 쿠샨 왕조는 중앙아시아에서 시작해 인도 북부 지역 정도만 지배했습니다. 하지만 쿠샨 왕조는 경제적·문화적으로 인도 문화가 다른 문화와 교류하고 융합했던 시기였습니다.

그러한 융합을 보여주는 대표적인 예가 바로 간다라 미술입니다. 인도 서북쪽은 알렉산드로스의 동방 원정의 영향으로 그리스 문화가 많이 들어와 있었습니다. 쿠샨 왕조의 간다라 지방에서

간다라 양식의 보살상.

도 특이한 문화적 경향이 나타나는데, 원래 불상을 만들지 않았던 인도에서 불상을 만들기 시작한 것이지요. 청동과 대리석으로 신의 형상을 만들었던 그리스 문화의 영향을 받은 간다라 불상은 그리스 신상처럼 머리카락과 옷의 주름까지 세심하게 표현한 것으로 유명합니다. 이러한 불교 문화는 쿠샨 왕조의 한 군주에 의해 널리 퍼지게 됩니다.

쿠샨 왕조의 카니슈카왕

쿠샨 왕조는 카니슈카왕 시기에 가장 번성했습니다. 독실한 불교

'왕중왕 카니슈카의 것'이라는 문구가 그리스어로 새겨진 카니슈카왕의 금화.

신자였던 카니슈카왕은 불교를 아낌없이 후원했는데, 거대한 불교 사원과 탑을 건립하고 불경을 체계적으로 정리했습니다. 간다라 미술의 본격적인 발전도 카니슈카왕 때부터였지요. 석가모니는 이때부터 '깨달은 자'를 넘어 신격화되기 시작했습니다. 석가모니를 조각한 불상도 더욱 활발하게 제작되었지요. 카니슈카왕 시기 불교는 쿠샨 왕조의 영역을 따라 중앙아시아로 활발하게 전파되었고 실크 로드(비단길)를 따라 중국과 한반도에까지 전해집니다.

카니슈카왕은 불교만 고집하지 않았고 다른 종교에도 관용적이었으며 자유로운 분위기에서 학문과 예술을 장려했습니다. 카니슈카왕 시기 쿠샨 왕조는 이처럼 인도 역사에서 중요한 부분을 차지하고 있습니다. 하지만 아소카왕 때와 마찬가지로 카니슈카왕이 죽자 쿠샨 왕조는 빠르게 내리막길을 걷게 됩니다. 오늘날

이란 지역에서 일어난 사산 왕조 페르시아에 의해 260년대에 중 앙아시아와 인더스강 유역의 땅 대부분을 잃게 되지요.

아소카왕과 카니슈카왕은 공통점이 많습니다. 뛰어난 정복 군 주였다는 점과 백성의 삶에 여러모로 신경을 썼다는 점 그리고 불교가 세계 종교로 발돋움하는 데 큰 공헌을 했다는 점 등입니 다. 하지만 안타깝게도 두 왕이 죽은 뒤 왕조가 급속도로 무너졌 다는 점도 비슷합니다. 두 사람의 이야기는 훌륭한 업적을 달성 하기도 어렵지만 후대에 이를 지켜 나가는 것은 더 어렵다는 사 실을 당대의 훌륭한 업적과 가치를 오랫동안 이어 나가려면 어떻 게 해야 하는지 함께 고민해 보면 좋겠습니다.

상좌부 불교와 대승 불교

아소카왕 때 널리 퍼진 불교를 상좌부 불교, 카니슈카왕 때 널리 퍼진 불교를 대승 불교라고 한다. 두 불교는 왜 각각 이런 이름으로 불리게 되었으며 어떤 차이가 있을까?

석가모니는 마음속 집착과 번뇌를 없애야 깨달음을 얻을 수 있다고 주장했다. 아소카왕 때 불교를 전파했던 큰 스님들을 일컫는 '상좌부'라는 단어에서 유래한 상좌부 불교는 개인의 깨달음을 중요하게 생각했다. 아소카왕은 여러 지역에 불교를 전파했지만 이후 힌두교가 유행하면서 불교의 교세는 점차 약해졌고 스리랑카의 불교만이 그 맥을 이었다. 그리고 스리랑카에서 무역로를 따라 동남아시아로 상좌부 불교가 활발히 전파되었다.

쿠샨 왕조는 유목민 출신 쿠샨족이 세운 왕조였다. 쿠샨족과 같이 인도 북부에 정착한 이민족들도 불교를 받아들였는데 아소카왕 때 정리된 엄격한 교리와 계율을 유목민들이 받아들이기란 쉬운 일이 아니었다. 그래서 아소카왕 때보다 덜 금욕

적이고 더 보편적인 대승 불교가 유행하게 된다. 이후 대승 불교는 간다라 지방을 거쳐 중앙아시아까지 널리 퍼졌고 실크 로드를 따라 중국과 한반도 그리고 일본에까지 전해졌다.

두 불교는 교리의 사소한 부분에서도 차이를 보인다. 흔히 승려는 육식을 하면 안 된다고 알려져 있지만 이는 상좌부 불교에는 해당하지 않는다. 상좌부 불교 승려는 '탁발'이라고 해서 무소유의 원칙에 따라 신자들에게 끼니를 의존한다. 석가모니의 가르침에 따르면 얻어먹는 사람이 음식을 가려서는 안 되며, 신자들에게 받았다면 가리지 말고 고기라도 감사히 먹어야 한다는 것이다.

대승 불교는 많은 중생을 구제한다고 해서 자신들을 큰 수레(대승)에 비유하면서, 개인의 해탈을 중시하는 상좌부 불교를 마치 작은 수레(소승)와 같다고 업신여겼다. 사실 대승 불교에 대비되는 '소승 불교'가 외우기 쉽고 입에도 잘 붙는 표현이겠지만, 역사를 공부할 때는 올바른 용어를 사용하는 것이 무엇보다 중요한 만큼 '상좌부 불교'라는 용어가 익숙해지도록 의식적으로 노력할 필요가 있다.

08

당나라의 전성기를 이끈 두 황제

당 태종
vs
당 현종

'장안의 화제'라는 말을 들어 보셨나요? 이 표현은 당나라 수도였던 장안에서 화제가 될 정도로 그 시기 사람들에게 가장 관심을 많이 받은 이야기라는 뜻입니다. 그만큼 장안은 중국 천년의 고도로 동아시아의 모든 화젯거리가 모이는 국제도시였지요. 당나라는 7세기부터 10세기 초까지 약 300년 동안 존재했으며 중국 역사에서 가장 찬란한 왕조로 평가됩니다. 당나라 2대 황제 태종과 6대 황제 현종은 당나라의 전성기를 이끈 황제들이었지요. 두 황제가 어떤 정책으로 당나라를 부강하게 만들었는지 또 어떤 어려움을 겪었는지 더 자세히 알아볼까요?

태종

- 생몰 : 598년~649년
- 국적 : 당나라
- #정관의 치 #3성 6부 #조·용·조 #실크 로드 장악 #안시성 전투

당 태종  당 현종

현종

- 생몰 : 685년~762년
- 국적 : 당나라
- #개원의 치 #운하 개량 #모병제 #탈라스 전투 #안·사의 난

당나라 건국과 정관의 치

한나라 멸망 이후, 위진 남북조로 분열되어 있던 중국을 수나라가 통일했습니다. 수나라는 두 번째 황제 양제의 폭정, 대운하 건설 등의 과도한 토목 공사, 무리한 고구려 침략 실패로 불과 30여 년 만에 멸망하고 말았지요.

양제가 살해되었다는 소식을 듣고 당시 수나라 무장이었던 이연이 618년 당나라를 건국했습니다. 황제에 오른 당 고조 이연은 큰아들 이건성을 태자로 삼고 둘째 아들 이세민은 재상(상서령)으로 임명해 국가 행정 업무를 담당하게 했습니다. 그 이후 이세민의 세력과 명망이 날로 높아지는 것을 두려워한 태자 이건성이 막냇동생 이원길과 함께 이세민을 견제하며 제거할 기회만 노렸습니다. 하지만 이들의 계획을 눈치챈 이세민이 궁성 북문인 현

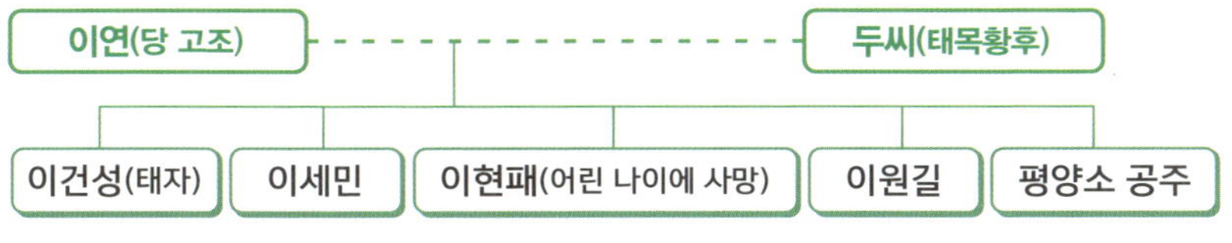

당 고조 가계도. 이세민은 현무문의 변을 통해 형제들을 제거하고 황제가 되었다.

무문에서 매복하고 있다가 형과 동생을 죽였습니다.(현무문의 변, 626년) 그 이후 태자가 된 이세민은 아버지로부터 황제 자리를 물려받아 황제로 즉위하게 됩니다.

태종 이세민이 다스리던 시기(재위 626년~649년)는 당시 연호를 따서 '정관의 치(治)'로 부릅니다.★ 태종은 중국 역사에서 가장 모범을 보인 황제로 손꼽힙니다. 물자는 풍부하고 백성은 편안했으며 천하가 태평해 거리에 물건이 떨어져도 그것을 주워 가는 사람이 없고 도둑질하는 사람도 없었다고 합니다.

태종은 율령 체제도 완성했습니다. 율령 체제란, 나라의 법질서를 세우고 나라를 운영하기 위한 기본 틀을 말하는데, 중앙 행정 조직을 3성 6부제로 정비해 더 효율적이고 간편한 국정 운영이 가능하게 만들었습니다.

★ 오긍이라는 사관이 당나라 태종의 행적을 기록한 《정관정요》는 오늘날까지 제왕학의 기본서로 널리 읽히고 있다.

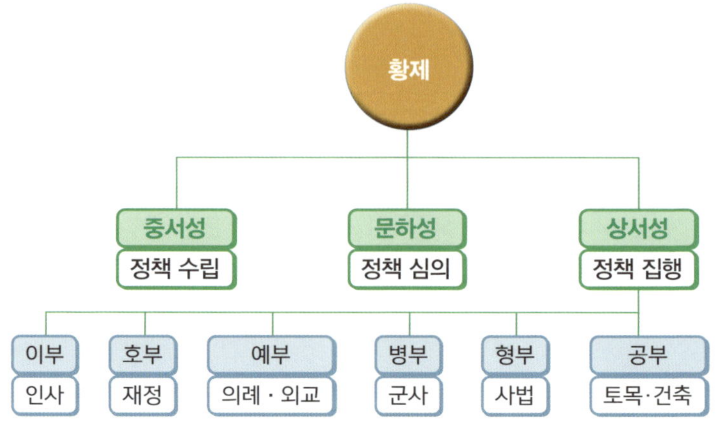

당나라의 3성 6부제는 발해, 일본, 베트남 등 주변 동아시아 국가들의 중앙 정치 제도에 많은 영향을 주었다.

이 밖에도 균전제를 시행해 백성들에게 일정한 토지를 나눠 주고 조·용·조 제도*로 세금을 거두었습니다. 그리고 농민들이 농번기를 피해 군사 훈련을 받게 한 뒤 병사로 복무시키는 부병 제를 시행하기도 했지요.

태종은 정복 사업에도 관심을 기울였습니다. 당시 당나라 북쪽의 돌궐은 동돌궐과 서돌궐로 나뉘어 있었는데, 태종은 동돌궐을 격파하고 중앙아시아의 타클라마칸 사막 북쪽 고창국까지 정복했습니다. 서쪽에는 안서도호부를 세워 실크 로드를 완전히 장

★   당나라는 토지를 받은 농민에게 조(토지세), 용(노동력), 조(특산물) 등의 각종 세금을 거두어 국가 재정을 안정적으로 운영하려고 했다.

악했지요. 마지막으로 동쪽으로 시선을 돌린 태종은 군사 수십만 명을 파견해 요하(랴오허강) 건너 고구려를 정복하려고 했지만 요동 지방에 위치한 안시성에서 막히며 결국 실패하고 말았습니다. 고구려와 벌인 싸움은 태종이 유일하게 실패한 정복 전쟁이었습니다.

역사적으로 보기 드물게 훌륭한 황제였던 당 태종도 죽음만큼은 두려웠던지, 200세 동안 살았다고 주장하는 인도 승려가 준 장생약을 먹은 뒤 병에 걸리고 말았습니다. 수은, 유황 같은 광물질을 섞어 만든 이 약은 몸에 치명적으로 나쁜 영향을 미쳤지요. 죽지 않고 오래도록 살고자 장생약을 먹은 태종은 오히려 이 약으

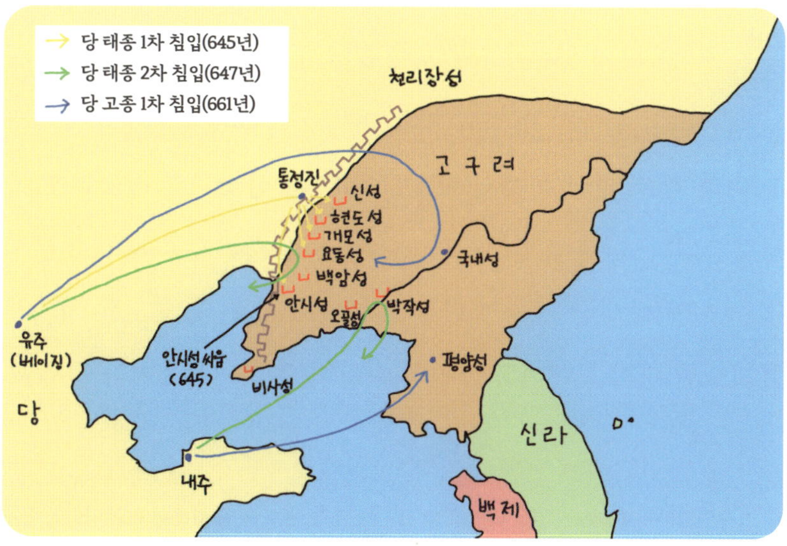

고구려와 당의 전쟁 지도.

로 병을 얻어 크게 앓다가 649년 5월, 51세의 나이로 세상을 떠나고 말았습니다.

현종의 즉위와 개원의 치

태종의 뒤를 이어 셋째 아들 고종이 황제가 되었지만 그는 몸이 쇠약해서 오래 살지 못했습니다. 고종이 죽은 뒤 그의 부인 측천무후는 어린 아들들을 황제로 앉혔다가 폐위시키며 10년 동안 수렴청정*을 했습니다. 심지어 측천무후는 67세에 자신이 직접 황제에 즉위해 15년 동안 나라를 다스렸습니다.** 측천무후가 죽은 뒤 황위 계승을 놓고 혼란이 있었지만 712년 예종의 셋째 아들 이융기가 6대 황제 현종으로 즉위했습니다.

태종처럼 위대한 업적을 만들고자 노력한 현종은 연호를 '개원'이라 하고 여러 신하의 보좌를 받으며 밤낮으로 나랏일에 몰두했습니다. 민생을 안정시키고 국력을 튼실하게 다져 측천무후 집권 시기 발생한 각종 폐단을 개혁했으며, 관료 제도를 정비해 불필요한 관직을 폐지하고 관리 수천 명을 파면시키거나 업무 평

★   수렴청정(垂簾聽政)은 '발을 내리고 정치를 듣는다'는 뜻으로 왕(황제)이 어린 나이에 즉위했을 때 황태후나 태황태후가 어린 군주를 도와 정사를 돌보던 것을 의미한다.
★★   자세한 내용은 74쪽 측천무후 편 참고.

　　　　　　　　　　　　　　　　　　　2부 새로운 세계를 꿈꾼 맞수들

판이 좋지 않은 관리는 스스로 관직에서 물러나게 했습니다.

현종 시기에는 황하 주변 운하를 개량하고 대규모 개간 사업을 진행해 농업 생산력이 늘어났습니다. 또 자원자를 군인으로 모집하는 모병제를 도입해 국경 방비를 튼튼하게 해서 동돌궐, 토번, 거란 등의 침입을 적극적으로 차단했습니다. 이렇게 해서 당나라는 '개원의 치(治)(713년~741년)'라 불리는 전성기를 다시 맞이하게 되었지요. 태종 때 360만 호이던 인구도 이 시기에 이르러 900만 호에 이르렀습니다. 당대 최고 시인이었던 두보는 그의 시에서 "개원의 전성기를 생각하니, 소읍에도 만 호의 사람이 살고 해마다 풍년이 들어 관공서나 개인 창고가 모두 가득 찼었네."라 읊었다고 합니다.

당시 당나라 수도 장안은 인구 백만 명이 넘는 큰 도시로 세계 각 나라의 이국정취를 모두 볼 수 있는 국제도시로 이름을 날렸습니다. 조로아스터교나 기독교 일파인 네스토리우스교가 전래될 정도로 당나라는 국제적이고 개방적인 국가였습니다.

그런데 황제로 즉위한 지 24년이 지나 현종은 양귀비와 사랑에 빠져 나랏일을 점점 소홀히 하기 시작했습니다. 이 틈을 놓치지 않고 지주와 귀족들이 토지를 독차지했으며 국가 재정은 어려워지고 농민의 세금 부담은 점점 더 커져만 갔지요. 이런 상황에서 양귀비의 사촌 오빠 양국충과 하동 절도사 안녹산 사이에 권

력 다툼이 일어났고 이것이 대규모 반란인 안·사의 난(755년~763
년)으로 확대되었습니다. '안'과 '사'는 절도사 안녹산과 그의 부하
사사명의 머리글자를 딴 말이었습니다.

난을 피해 피난길에 오른 현종은 끝내 양귀비를 잃고 태자인
아들에게 황제의 자리를 물려주었습니다. 현종은 먼저 떠난 양
귀비를 그리워하다가 병에 걸려 78세 때인 762년 세상을 떠났습
니다.

신하들의 조언을 받아들인 태종과 현종

공자는 "바른말로 간쟁하는 신하가 일곱 명만 있으면 천하를 잃
지 않는다. 제후는 그런 신하 다섯 명만 있어도 나라를 잃지 않는
다."고 말했습니다. 군주는 바른말을 조언하는 신하가 없는 것을
근심하지 말고 신하의 조언을 받아들이지 못함을 근심해야 한다
는 의미입니다.

당 태종에게는 위징이라는 신하가 있었습니다. 태종이 '나의
거울'이라고 칭한 위징은 사실 태종이 죽인 형 이건성의 참모였
습니다. 위징은 이세민에게 큰 야심이 있음을 간파하고 태자 이
건성에게 이세민을 먼저 제거해야 한다고 건의했지요. 하지만 이
건성은 위징의 의견을 받아들이지 않았고 결국 이세민에 의해 죽

    2부 새로운 세계를 꿈꾼 맞수들

임을 당하고 말았습니다.

형을 죽이고 태자의 자리에 오른 이세민은 형제 사이를 이간 질하려 했다는 죄목으로 위징을 엄하게 국문했습니다. 하지만 위징은 얼굴색 하나 변하지 않고 논리정연하게 답변했습니다. "태자(이건성)께서 제 말을 따랐더라면 오늘의 화는 없었을 것입니다." 이 말을 들은 이세민은 고개를 끄덕였고 위징의 사람됨에 크게 감탄해 그를 죽이지 않고 오히려 옆에 두고서 중용했습니다.

현종 때 훌륭하고 강직한 재상이었던 한휴도 황제에게 조언을 서슴지 않은 신하였습니다. 어느 날 한 신하가 현종에게 "한휴가 재상이 된 뒤 폐하가 더 야위셨습니다."라고 말하자 현종은 "정말 그렇다."라고 하면서 "그러나 내가 야윈 만큼 백성은 살쪘을 것이다."라고 대답했다고 합니다.

제대로 된 조언은 편한 사이라도 하기 어렵습니다. 하물며 지도자가 잘못된 길로 가는데 바로잡는 일은 쉬울 리가 없겠죠. 왕을 바로 보좌하기 위해 자기 목숨을 걸고 조언하는 사람이 있기에 지도자는 옳은 길로 갈 수 있습니다. 지도자는 아부하는 신하만 총애하지 말고 쓴소리도 마다 않고 참된 조언을 하는 신하의 말을 귀담아들어야 합니다.

태종이 아꼈던 신하 위징은 《논어》를 인용해 태종에게 "군주는 배이고 백성은 물입니다. 물은 배를 띄우기도 하지만 배를 뒤

집을 수도 있습니다."는 조언을 올리기도 했습니다. 현대의 정치적 상황에도 빗대어 생각해 볼 수 있는 말이지요.

당나라 두 번째 황제 태종은 '정관의 치'라 불리는 전성기를 이끌며 백성을 편안하게 만들고 국력을 강화했습니다. 효율적인 정부 운영을 위해 3성 6부제를 정비하고 균전제를 시행해 세금을 안정적으로 거두었지요. 이후 현종이 황제의 자리에 올라 민생을 안정시키고 국력을 강화하고자 애쓰며 '개원의 치'로 다시 전성기를 맞이합니다. 당나라의 큰 발전을 이끈 두 황제의 공통점은 주변 신하들의 생각과 의견을 잘 듣고 중요한 결정을 내린다는 점입니다. 신하들의 충고와 지혜를 받아들이는 것이 나라를 잘 이끄는 길임을 보여 준 것입니다.

흰 새의 깃털을 단 화살에 한쪽 눈을 맞은 당 태종

"한낱 주머니 속 소지품(고구려)일 뿐이라고 큰소리치더니, 검은 꽃(눈알)이 흰 깃(화살)에 박혀 외눈박이 될 줄이야." 고려의 학자 이색이 태종의 고구려 침략과 관련해 읊은 시의 한 구절이다. 태종은 당시 동아시아 최대의 라이벌 고구려를 정복하기 위해 직접 군을 이끌고 정벌에 나섰다. 그러나 안시성에서 고구려의 장군이 쏜 백우장전(흰 새의 깃털을 단 화살)에 맞아 한쪽 눈을 잃고 철군한다. 당 태종은 "고구려를 치지 말라고 했던 위징이 살아 있었더라면"이라고 말하며 땅을 치고 후회했다고 한다.

당 현종과 양귀비
그리고 안녹산

양귀비는 중국 역사 속에서 서시, 왕소군, 초선과 함께 중국의 4대 미녀 중 한 사람으로 꼽힌다. 당나라 현종과의 사랑으로 유명한 양귀비는 나라를 위태롭게 할 만큼 아름다운 여인을 일컫는 '경국지색'이라는 표현이 가장 잘 어울리는 미녀였다.

양귀비의 본명은 양옥환으로 본래 현종의 며느리였다. 당시 현종은 사랑했던 무혜비가 죽은 뒤 큰 슬픔에 잠겨 있던 중 온천궁에서 열린 잔치에서 양귀비에게 첫눈에 반하게 된다. 현종은 양귀비가 아들의 아내라는 사실도 잊고 끊임없는 구애와 많은 선물로 결국 양귀비와 혼인한다. 현종은 양귀비가 좋아하는 과일인 리치를 매일 2천 리 떨어진 곳에서 구해와 양귀비에게 주었다고 전해진다.

양귀비는 중국 변방의 돌궐족 안녹산을 몹시 아껴서 그를 양아들로 삼고 가까이 두었다. 당시 양귀비는 20대였고 안녹산은 40대였다. 양귀비의 사촌 오빠 양국충은 이를 못마땅하게 여겨 안녹산의 지위가 높아질수록 그를 없애야겠다고 마음먹는다. 이를 눈치챈 안녹산은 755년 부하 사사명과 함께 반란을 일으켜 수도 장안

안녹산의 난 당시 현종의 피신 장면을 상상하여 그린 그림. 명나라 화가 구영. 16세기.

까지 쳐들어왔다.(안·사의 난)

현종은 반란을 피해 양귀비를 데리고 급히 피난을 떠났다. 얼마 도망치지 않았을 때 신하들이 반발했다. "이게 다 양귀비와 그 일가 때문입니다. 양귀비를 처단해야 합니다. 그렇지 않으면 한 걸음도 움직일 수 없습니다!" 현종은 사랑과 목숨 사이에서 선택해야만 했다. 현종은 양귀비에게 자결을 명령했고 결국 양귀비는 38세의 젊은 나이로 생을 마감했다.

09

대륙을 여행한 세기의 여행가들

현장

VS

마르코 폴로

현장과 마르코 폴로는 세계적인 여행가이자 탐험가로 아주 멀리까지 가서 새로운 공부와 경험을 하고 왔습니다. 두 사람의 여행 목적은 달랐습니다. 당나라의 승려 현장은 부처님의 진리를 제대로 공부하고 싶어 서쪽의 인도로 떠났고, 베네치아의 상인이었던 마르코 폴로는 아버지와 함께 돈을 벌기 위해 동쪽의 몽골 제국으로 떠났지요. 새로운 세계를 만난 현장과 마르코 폴로는 무엇을 보고 돌아왔을까요?

현장

- 생몰 : 602년~664년
- 국적 : 당나라
- #승려 #대당서역기 #당 태종

현장 VS 마르코 폴로

마르코 폴로

- 생몰 : 1254년~1324년
- 국적 : 베네치아 공화국
- #상인 #동방견문록 #쿠빌라이 칸

서쪽으로 떠난 현장, 동쪽으로 떠난 마르코 폴로

대장정(大長程, Great Journey)은 말 그대로 위대하고 긴 여행이라는 뜻입니다. 중국 역사에서 대장정이라고 하면 떠오르는 사람이 바로 현장입니다. 그는 어쩌다가 대장정을 떠나게 되었을까요? 당시 중국에서는 불교가 크게 유행했지만 한자로 번역된 불교 경전은 애매모호한 부분이 많았습니다. 승려였던 현장은 불교의 고향 인도로 가서 불교 경전의 원본을 직접 봐야겠다고 결심했지요.

현장이 살던 시기는 당나라 태종이 통치하던 때입니다. 태종은 허가받지 않고 나라 밖으로 나가면 처벌하겠다고 명령을 내린 상황이었지요. 더구나 당나라 밖은 잘 알려지지 않은 미지의 세계였기에 더욱 위험하게 느껴졌을지도 모릅니다. 하지만 현장은 인도에 가서 불교를 공부하겠다는 의지를 꺾지 않았습니다. 그는 외국으로 나가는 마지막 관문인 중국 서북쪽 국경의 옥문관을 지나 당나라 밖으로 첫걸음을 내딛습니다.

현장은 629년부터 645년까지 무려 5만 리(약 16,000km)에 달하는 거리를 여행했다고 합니다. 인적이 드문 사막을 지나다 소나기처럼 퍼붓는 모래 폭풍에 휩싸이거나 중간에 도적을 만나 위험에 처하기도 했지요. 심지어 5일 동안 물을 한 방울도 마시지 못해 숨이 끊어질 듯한 상황을 겪기도 했습니다. 현장은 이와 같은 어려운 환경을 강인한 체력으로 이겨 냈습니다. 타클라마칸 사막을 가로지르며 높은 산맥 세 개를 넘었고 인도의 드넓은 평원과 밀림을 누비기도 했지요. 험난한 여정 끝에 그는 자신이 그토록 바라던 인도 날란다에 도착합니다.

이탈리아의 여행가 마르코 폴로가 살았던 13세기는 몽골 제국이 중국과 유라시아를 지배하고 있었습니다. 당시 원나라는 주요 길목마다 여행자와 사신, 상인이 머물 수 있는 숙소와 말 교체 시설을 마련해 두었습니다. 길을 따라 정기적으로 설치된 역참(驛站) 덕분에 사람들은 안전하고 효율적으로 이동할 수 있었고 유라시아 대륙은 하나로 연결되었습니다.

베네치아의 상인이었던 마르코 폴로의 아버지와 삼촌은 동쪽 시장에 물건을 팔기 위해 원나라로 길을 떠났습니다. 이들은 잘 정비된 역참을 따라 이동하며 수도 대도(지금의 베이징)에 도착했고, 그곳에서 쿠빌라이 칸의 눈에 띄게 되었지요. 쿠빌라이는 이들에게 관심을 보이며 서양 세계에 보내는 사신 역할을 맡겼습니다. 그 이후 마르코 폴로의 아버지는 베네치아로 잠시 돌아갔다가 다시 원나라로 향하는데 이때는 17세의 마르코 폴로도 아버지를 따라나서면서 26년간의 대장정을 시작합니다.

마르코 폴로는 원나라의 새로운 환경에 금방 적응했습니다. 언어 습득 능력이 뛰어나 네 개의 언어를 배우고 구사했는데 쿠빌라이는 이런 마르코 폴로를 특히 믿고 아꼈다고 합니다. 먼 곳

2부 새로운 세계를 꿈꾼 맞수들

으로 사신을 보낼 일이 있으면 마르코 폴로를 보내 보고 들은 것을 전하도록 했지요. 기록에 따르면 마르코 폴로는 3년 동안 양저우시의 관리로 파견되기도 했습니다.

《대당서역기》와 《동방견문록》

기록하지 않으면 기억되지도 않습니다. 기록으로 남기지 않으면 곧 사람들의 기억에서 잊히니까요. 현장과 마르코 폴로는 자신들의 특별한 경험을 기록으로 남겼기에 그들의 이야기가 지금까지 전해지고 있습니다. 두 사람은 《대당서역기》와 《동방견문록》이라는 책을 남겼고 현재 우리는 이 책을 보며 당시 상황을 상세히 알 수 있습니다.

현장은 뛰어난 지식을 갖춘 사람이었습니다. 여행을 떠난 지 17년째인 645년, 현장은 인도에서 구한 많은 불경과 불상을 가지고 수도 장안으로 돌아옵니다. 위대한 여행으로 유명해진 현장을 보기 위해 많은 사람이 구름 떼처럼 몰렸지요. 심지어 국외로 나가면 처벌하겠다고 엄포를 놓았던 황제 태종도 그의 귀환을 축하해 주었습니다.

현장은 가지고 온 불경을 한문으로 번역하고 대안탑에 번역본들을 보관합니다. 태종에게 바칠 책 《대당서역기》도 출판하지요.

《대당서역기》는 현장이 총 138개 나라를 여행하면서 경험한 내용을 기록한 책으로 총 10만 자, 열두 권에 달할 정도로 내용이 방대합니다. 이 책은 현장이 여행하면서 거쳐 간 중앙아시아의 지리와 풍토, 생활과 풍속, 문화유산, 특산품 등을 자세히 소개하고 있어 당시 모습을 알 수 있는 귀중한 자료가 되었습니다.

한편 마르코 폴로는 《동방견문록》이라는 책을 남겼습니다. 원래 이탈리아어 제목은 '일 밀리오네(Il Milione)', 즉 '백만'이라는 뜻이며 '세계의 기술'이라는 이름으로도 불렸지요. 그 이후 일본에서 '동방견문록'으로 번역되었고 이 제목이 그대로 우리나라에 전해졌습니다. 한 가지 재미있는 사실은 《동방견문록》이 마르코

2부 새로운 세계를 꿈꾼 맞수들

폴로가 직접 쓴 책이 아니라는 점입니다. 26년 동안 세계 여러 지역을 여행하고 베네치아로 돌아온 마르코 폴로는 전쟁에 참전했다가 포로가 되는데 그때 감옥에 함께 갇혀 있던 작가 루스티첼로를 만나게 되었지요. 감옥에서 마르코 폴로가 자신이 겪은 일들을 루스티첼로에게 이야기했고 루스티첼로가 《동방견문록》이라는 책으로 정리해 출판한 것입니다.

《동방견문록》은 동방의 사정을 자세하게 적었다는 점에서 전에 없던 신기한 책이었습니다. 책이 유럽에서 엄청난 인기를 끌면서 요즘 말로 베스트셀러가 되었고 사람들은 앞다투어 이 책을 읽으며 동양에 대한 호기심을 더욱 키워 나갔습니다. 이 책은 유럽이 지리상 대발견을 하는 데에도 큰 영향을 주게 됩니다. 실제 유럽 여러 국가에서 새로운 항로와 지역을 개척하기 시작했으니까요. 이탈리아 탐험가인 크리스토퍼 콜럼버스도 《동방견문록》에 큰 영향을 받은 인물이었습니다. 콜럼버스는 책 여백에 꼼꼼하게 메모까지 남기며 이 책을 열심히 읽었다고 합니다. 그리고 동양으로 가는 바닷길을 찾기 위해 탐험을 떠나게 되고 유럽인으로서는 처음으로 아메리카 대륙에 발을 내딛게 됩니다.

현장과 마르코 폴로는 각기 다른 이유와 목적으로 미지의 세계를 찾아 여행을 떠났습니다. 하지만 두 사람 모두 낯선 세계를 경험하고 이를 기록으로 남김으로써 동서 문화를 잇는 연결 고리

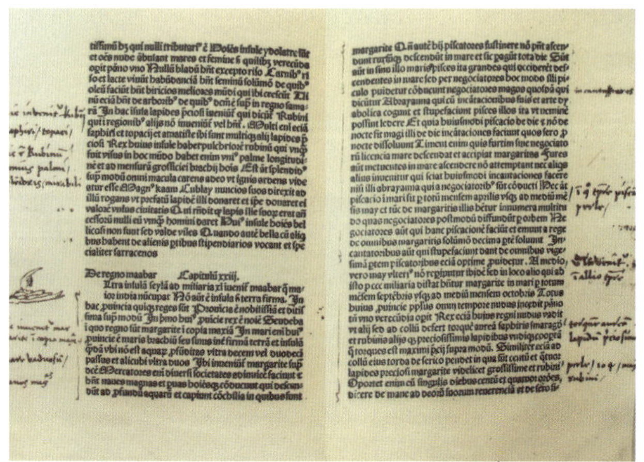

크리스토퍼 콜럼버스가 메모하며 읽은 라틴어판 《동방견문록》.

역할을 하게 됩니다. 《대당서역기》는 불교와 인도 문화를 연구하는 데 중요한 자료가 되었으며, 《동방견문록》은 유럽이 동방에 관심을 가지는 계기가 되어 주었지요. 이들의 여정은 단순한 개인의 도전이 아니라 인류의 지적·문화적 발전에 큰 영향을 미친 역사적인 사건이었습니다.

2부 새로운 세계를 꿈꾼 맞수들

《서유기》와 현장 법사는 무슨 관계일까?

명나라 시기 《서유기》라는 소설이 선풍적인 인기를 끌었다. 《서유기》는 삼장 법사가 인도로 가는 길에 손오공의 호위를 받고 수많은 괴물을 물리치며 인도에 무사히 도착하는 내용을 담고 있다. 《서유기》에 나오는 삼장 법사의 모델이 바로 인도에 불경을 구하러 갔던 현장 법사이다. 현장 법사의 대장정 이야기는 수백 년이 지나서도 소설, 만화, 애니메이션으로 다시 만들어지며 대중의 사랑을 받았다. 세계적인 인기 만화 〈드래곤볼〉도 《서유기》를 모티브로 했으며, 우리나라에서도 허영만 작가의 애니메이션 〈날아라 슈퍼보드〉가 《서유기》를 바탕으로 제작되어 엄청난 인기를 끌었다.

《동방견문록》을
그대로 믿어도 될까?

마르코 폴로의 이야기는 13세기 유럽 사람들에게 믿기 어려운 충격적인 내용이었다. 그는 황금으로 뒤덮인 궁전, 종이를 돈처럼 사용하는 나라, 향신료가 넘쳐 나는 시장 등 유럽에서는 상상도 못 할 동방의 모습을 전했다. 듣도 보도 못한 이야기들을 접한 사람들은 오히려 그를 허풍쟁이로 여겼다. 마르코 폴로는 자기가 경험한 일을 이야기할 때마다 '수많은', '수백만' 같은 과장된 표현을 자주 사용했는데 이 때문에 당시 사람들은 그를 '백만 선생'이라 부르며 조롱하기도 했다. 마르코 폴로가 죽음을 앞둔 순간 친구들은 이제라도 거짓말을 취소하라고 요구했지만 그는 "내가 본 것의 절반도 채 이야기하지 못했다."며 끝까지 자신이 겪은 일들이 사실이라고 주장했다.

　《동방견문록》이 마르코 폴로가 직접 쓴 책이 아니라는 점도 신뢰성을 의심하게 만들었다. 감옥에서 만난 작가 루스티첼로가 마르코 폴로의 이야기를 듣고 글로 남겼기 때문에 출판 과정에서 허구의 내용이 포함되었을 가능성이 높았다. 당시 중세 유럽에서는 신비한 이야기나 전설을 덧붙여 책을 더욱 흥미롭게 만드는 일이 흔했기 때문에 일부 과장이 더해졌을 것으로 추측된다. 게다가 《동방견문록》은 여러 언어로 번역되며 140여 개 판본이 생겨났고 각 판본 내용이 조금씩 달라 무엇이 원본인지조차 확실하지 않았다.

마르코 폴로의 이야기가 모두 허구라고 단정할 수는 없지만 학자들은 마르코 폴로의 동방 여행 자체는 분명한 사실로 보고 있다. 책에 등장하는 중국과 원나라의 생활 모습, 몽골 제국의 행정 제도, 실크 로드의 무역 풍경 등은 후대 연구를 통해 실제로 존재했던 것으로 확인되었다. 다만 일부 과장된 내용은 마르코 폴로가 자신의 기대나 당시 유행하던 소문을 함께 서술했거나, 루스티첼로가 이야기를 덧붙였을 가능성이 크다. 결국 《동방견문록》은 13세기 동양에 대한 중요한 역사적 기록이지만 그 내용을 그대로 받아들이기보다는 당시 시대적 배경과 출판 과정의 상황을 함께 고려하며 읽어야 한다.

10

십자군 전쟁의 라이벌

리처드 1세
vs
살라흐 앗 딘

십자군 전쟁은 중세 유럽의 크리스트교 세력이 자신들의 성지 예루살렘을 이슬람 세력으로부터 되찾겠다며 일으킨 전쟁이었습니다. 1095년부터 원정길에 올라 13세기 후반까지 무려 200년 동안이나 계속되었지요. 그런데 십자군 전쟁의 역사를 더욱 다채롭게 만든 두 맞수가 있습니다. 잉글랜드 왕국의 왕 리처드 1세와 아이유브 왕조의 술탄 살라흐 앗 딘입니다. 두 사람은 최선을 다해 맞서 싸우면서도 서로를 인정하고 존경했다고 합니다. 두 사람의 이야기를 들으러 떠나 볼까요?

리처드 1세

- 생몰 : 1157년~1199년
- 국적 : 잉글랜드 왕국
- #사자의 심장을 가진 왕
  #무슬림에 대한 재앙
  #최고의 전략가

살라흐 앗 딘

살라흐 앗 딘

- 생몰 : 1137년~1193년
- 국적 : 아이유브 왕조
- #예루살렘 정복자
  #이슬람 세력의 구원자
  #관용의 군주

신께서 전쟁을 원하신다, 십자군 전쟁

오늘날 예루살렘은 유대교와 크리스트교 그리고 이슬람교의 공통 성지로 받아들여집니다. 7세기부터 이슬람 세력권에 포함되었으나 예루살렘에서 세 종교는 비교적 평화롭게 공존하고 있었지요. 하지만 11세기부터는 분위기가 달라집니다. 비잔티움 제국황제가 이슬람 세력과 싸우다가 포로가 되거나, 크리스트교 세력이 이슬람 세력에게 빼앗겼던 이베리아반도를 되찾는 등 점차 크리스트교와 이슬람교 세력의 대립이 격화되기 시작했지요.

당시 튀르크족과 갈등하던 비잔티움 제국 황제 알렉시오스 1세는 교황에게 도움을 요청합니다. 이에 교황은 "신께서 전쟁을 원하신다."라며 이슬람 세력에 맞선 전쟁에 참여할 것을 유럽 각국에 촉구하고, 유럽의 왕과 제후들이 여기에 응하면서 오랜 전쟁

1095년 11월 프랑스 클레르몽에서 열린 공의회에서 십자군 전쟁에 나설 것을 호소하는 교황 우르바노 2세, 장 콜롬브, 1474년.

의 막이 오르게 됩니다. 이 전쟁은 '십자가를 지닌 자'라는 말에서 비롯하여 십자군 전쟁이라 불립니다.

유럽인들은 200여 년에 걸쳐 총 여덟 차례 원정을 떠났습니다. 첫 번째 원정은 성공적이었습니다. 유럽 각지에서 모인 십자군이 예루살렘을 정복한 뒤 이 지역에 에데사 백작령, 안티오크 공국, 트리폴리 백작령 그리고 예루살렘 왕국까지 네 개의 십자군 국가를 세웠지요.

이슬람 세력을 하나로 통합한 살라흐 앗 딘

1137년 오늘날 이라크 땅의 작은 도시에서 유수프 이븐 아이유브라는 이름의 아이가 태어났습니다. 이 아이는 훗날 '믿음을 받드는 자'라는 뜻의 '살라흐 앗 딘'이라는 이름을 갖게 됩니다. 유럽 사람들에게는 살라흐 앗 딘이 '살라딘'으로 들려서 서양에서는 살라딘이라는 이름으로 더 널리 알려졌지요.

살라흐 앗 딘이 태어날 당시에는 1차 십자군 전쟁 이후 세워진 네 개 십자군 국가 주변을 이슬람 세력이 둘러싼 상황이 대략 40년째 유지되고 있었습니다. 한편 1차 십자군 때 분열되어 있었던 이슬람 세력도 조금씩 통합되고 있었지요. 어른이 된 살라흐 앗 딘은 십자군을 몰아내는 동시에 이집트 지역을 장악해 근거지로 삼고 나아가 시리아 지역까지 통합했습니다. 반발하는 이슬람 세력을 흡수하기 위해 살라흐 앗 딘은 일단 십자군 세력과 휴전에 동의했습니다. 그 덕분에 오늘날 북아프리카와 아라비아반도에 이르는 영토를 확보하며 이슬람 세력을 하나로 통합했지요.

강력한 이슬람 제국을 세운 살라흐 앗 딘은 십자군 국가들을 하나씩 격파하기 시작했습니다. 살라흐 앗 딘은 2만 명이 넘는 예루살렘 왕국의 군대를 전멸시켰습니다. 이윽고 예루살렘 왕국이 함락되었다는 소식이 전 유럽에 전해졌지요. 유럽은 공포에 휩싸였습니다. 하지만 유럽인들 입장에서는 예루살렘을 되찾아야 했기 때문에 다시 3차 십자군이 조직되기에 이릅니다.

사자의 심장이라 불린 리처드 1세

한편, 12세기 프랑스 남서부에는 아키텐이라는 비옥한 땅이 있었습니다. 아키텐을 다스리던 여공작 엘레오노르가 프랑스 왕 루이 7세와 결혼하면서 아키텐은 프랑스 땅이 되었지요. 그런데 엘레오노르가 프랑스 왕과 이혼하고 잉글랜드 왕 헨리 2세와 재혼하면서 아키텐은 프랑스 안에 있으면서도 잉글랜드 왕이 지배하는 땅이 되었습니다.

1157년 엘레오노르와 헨리 2세 사이에서 리처드 1세가 태어났습니다. 잉글랜드 왕비였지만 주로 아키텐에 거주한 엘레오노르를 따라 리처드 1세도 아키텐에서 어린 시절을 보냈습니다. 그래서 리처드 1세는 프랑스인이면서 잉글랜드인이라는 이중적인 정체성을 갖고 있었지요.

아버지 헨리 2세가 가정을 돌볼 생각이 없었던 데다가 네 아들 중 막내아들만 편애하자 불만이 쌓여 가던 리처드 1세는 형과 함께 헨리 2세에 반기를 들었습니다. 하지만 계속된 패배 끝에 리처드 1세가 아버지에게 눈물의 용서를 빌면서 반란은 화해로 마무리되는 듯했지요. 그 이후 리처드 1세는 권력 투쟁보다 잉글랜드

영국 런던 웨스트민스터 궁전 앞의 리처드 1세 기마상. 영국의 정치 중심지 한복판에 위풍당당하게 세워졌다는 데서 오늘날 영국인들의 마음속에 리처드 1세가 어떤 위치로 자리 잡고 있는지 알 수 있다.

의 지배에 저항하는 아키텐의 반란을 진압하는 데 집중하다가 다시 한번 아버지에 대항해 전쟁을 일으킵니다. 이번에는 승리를 거두면서 1189년 드디어 잉글랜드 왕에 즉위하게 됩니다.

이 과정에서 리처드 1세는 군대 지휘관으로서의 능력을 드러

냈습니다. 방패에 새겨진 사자 문양과 '라이온 하트(Lionheart, 사자의 심장)'라는 별칭은 용맹한 리처드 1세를 상징하기에 부족함이 없었지요. 국내의 근심거리를 없앤 리처드 1세는 유럽 밖으로 눈길을 돌렸습니다. 바로 살라흐 앗 딘에게 점령당한 예루살렘이었지요.

3차 십자군 전쟁에서 맞붙다

1188년 3차 십자군이 동지중해의 전략적 요충지 아크레에 도착하면서 시작된 두 사람의 첫 맞대결은 리처드 1세의 승리로 끝났습니다. 그 이후 십자군은 해안선을 따라 진격하면서 예루살렘으로 가는 길목에 있는 항구 도시들을 하나씩 점령했지요. 해안에서는 보급선이 같이 움직이며 전쟁에 필요한 물자 보급에 차질이 없게 했습니다. 전쟁에서 보급의 중요성을 누구보다 잘 알았던 리처드 1세의 명민한 판단이었지요.

중요 항구 도시들을 십자군에 내준 살라흐 앗 딘은 예루살렘에서 결전을 준비했지만 계속되는 패배에 이슬람 세력도 다시 분열하기 시작했습니다. 리처드 1세의 상황도 좋지 않았습니다. 프랑스군이 아키텐을 침공했고 잉글랜드에서도 반란이 일어난 것입니다. 전쟁을 계속하기 부담스러웠던 두 사람은 결국 강화 조약을 체결합니다. 서로에게 '윈-윈'인 결과였지요.

두 사람은 서로의 점령지를 인정했으며 살라흐 앗 딘은 예루살렘을 순례하는 크리스트교도들의 안전을 약속했습니다. 결과적으로 리차드 1세는 전투에서 승리했지만 정작 목표로 했던 예루살렘을 되찾지 못하고 후퇴하는 모양새가 되었습니다.

한편 살라흐 앗 딘이 보여 준 대인배적인 모습은 너무나도 유명합니다. 자비를 베풀지 않았던 십자군과 달리 예루살렘을 탈환한 살라흐 앗 딘은 학살을 금지했습니다. 리처드 1세가 무더위에 고생하고 있다는 말에 과일과 얼음을 보내 주었고, 전투에서 말을 잃었다는 소식을 듣고는 새 말을 보내 주기도 했지요. 리처드 1세가 퇴각하며 "언젠가 다시 돌아와 예루살렘을 점령하겠다."고 허세 가득한 편지를 보내자 살라흐 앗 딘은 "점령지를 잃어야 한다면 당신처럼 훌륭한 왕에게 잃을 것"이라며 여유를 보였지요.

그래서인지 살라흐 앗 딘은 당대는 물론이고 후대 크리스트교도들에게도 인정과 존경을 받았다고 전해집니다.

서양 고전으로 유명한 단테의 《신곡》에서는 살라흐 앗 딘이 소크라테스, 아리스토텔레스 등과 같은 위치에 있을 정도입니다. 크리스트교도는 아니지만 충분히 훌륭한 인물이라는 뜻이지요.

후대 사람들은 자기 시대의 기준에 맞춰 두 숙명의 라이벌을 끊임없이 비교하곤 했습니다. 현재 시대의 가치 기준인 인권과 평화의 관점에서 보면 어떨까요? 리처드 1세는 무척 용맹하기는 했지만 악마라 불릴 만큼 잔혹했다고 합니다. 반면 살라흐 앗 딘은 용맹함으로 따지자면 리처드 1세보다 뒤처졌지만 관용을 잃지 않는 모습을 보여 주었다고 하지요. 과연 리더에게 더 필요한 덕목은 무엇일까요?

세 종교의 성지,
예루살렘

예루살렘 구시가지에는 유대교와 크리스트교 그리고 이슬람교 모두의 성지인 성전산이라는 언덕이 있다. 이곳이 성전산이라 불리는 이유는 유대교와 크리스트교의 시조 아브라함이 아들 이삭을 바치며 믿음을 입증하려 했던 그 자리에 이스라엘 왕국의 솔로몬 왕이 성전을 완성했기 때문이다.

성전은 바빌로니아 제국과 로마 제국 등 잇따른 강대국의 침략에 파괴되었다. 부서진 성전은 유대인들이 겪은 고난의 역사이자 유대 민족 정체성의 핵심으로 자리 잡았다. 그래서 성전산에 남아 있는 성전 건물 일부인 통곡의 벽도 유대교의 성지가 되었다.

성전산에서 출발해 예수가 십자가를 지고 걸었다는 길을 걷다 보면 예수의 빈 무덤 자리로 추정되는 곳에 세워진 성묘 교회가 나온다. 빈 무덤이 왜 중요할까? 크리스트교에서는 십자가에 못 박혀 죽은 예수가 무덤에서 나와 부활했다고 믿는다. 비어 있는 무덤이 바로 부활의 증거인 것이다. 그래서 성묘 교회는 크리스트교의

바위의 돔(왼쪽). 예수의 빈 무덤(중앙). 통곡의 벽(오른쪽).

가장 중요한 성지가 되었다.

한편 아브라함은 이슬람교의 시조이기도 하다. 아브라함의 큰아들 이스마엘이 아랍인의 조상으로 여겨지기 때문이다. 그런데 이곳이 이슬람교의 성지가 된 것은 아브라함 때문만은 아니다. 아브라함이 이삭을 바치려 했던 바위에서 이슬람교의 예언자 무함마드가 승천했다고 믿기 때문이다. 그래서 바위를 보호하기 위한 돔과 예배를 위한 모스크(예배를 하는 건물을 이르는 말)가 지어지면서 이곳은 이슬람교에도 성지가 되었다.

성전산은 많은 변화를 겪었다. 크리스트교 세력이 점령하면 성당이 세워지고, 이슬람 세력이 점령하면 그 성당이 모스크가 되는 식이었다. 오늘날까지도 여러 나라와 민족, 종교가 불안정하게 공존하고 있는 성전산이 진정한 평화의 성지가 되는 날은 언제 오게 될까?

11

르네상스를 대표하는 두 거인

레오나르도 다 빈치
vs
미켈란젤로 부오나로티

르네상스(Renaissance)는 프랑스어입니다. 르(Re) '다시', 네상스(Naissance)는 '탄생'이라는 뜻으로 르네상스는 '다시 탄생했다', '부활'이라는 의미를 지닙니다. 르네상스는 14세기부터 16세기 사이 이탈리아를 중심으로 그리스와 로마의 고전 문화를 부활하고자 했던 문예 부흥 운동을 뜻합니다. 수많은 천재가 등장했다고 해서 천재들의 시대라 불리던 르네상스 시대의 두 예술가 레오나르도 다 빈치와 미켈란젤로가 더 특별했던 이유는 무엇인지 함께 알아봅시다.

레오나르도 다 빈치

- 생몰 : 1452년~1519년
- 국적 : 피렌체 공화국
- #필기광 #모나리자
  #최후의 만찬
  #화가-조각가-발명가-건축가-
  과학자-해부학자

레오나르도 다 빈치  미켈란젤로

미켈란젤로

- 기원전 1475년~1564년
- 국적 : 피렌체 공화국
- #다비드상 #피에타 #천지창조
  #최후의 심판
  #조각가-화가-건축가

〈모나리자〉와 〈최후의 만찬〉

1911년 미술계를 발칵 뒤집는 사건이 일어났습니다. 프랑스 파리의 루브르 박물관에 전시 중이던 레오나르도 다 빈치의 작품 〈모나리자〉가 흔적도 없이 사라져 버렸기 때문입니다. 그 이후 〈모나리자〉를 훔친 범인은 "위대한 레오나르도의 그림을 조국 이탈리아로 가져온 것이다."라는 인터뷰로 이탈리아 사람들의 박수를 받기도 했습니다. 이 사건으로 〈모나리자〉는 더 유명한 그림이 되었지요. 지금도 〈모나리자〉가 소장된 루브르 박물관에 가면 가로 53cm, 세로 77cm의 작은 그림을 보기 위해 많은 사람이 줄을 선 모습을 볼 수 있습니다.

많은 연구자가 이 신비한 그림을 조사하고 있지만 〈모나리자〉의 모델이 누구인지 의견이 분분해 명확하게 결론을 내리기 어렵

   2부 새로운 세계를 꿈꾼 맞수들

〈모나리자〉, 레오나르도 다 빈치, 1503년에서 1506년 사이.

다고 합니다. 마르셀 뒤샹, 앤디 워홀 같은 후세 화가들도 〈모나리자〉에서 영감을 받아 다양한 작품을 창작하기도 했지요.

1495년 이탈리아 밀라노에 머물던 레오나르도에게 작품 의뢰가 들어옵니다. 바로 〈최후의 만찬〉입니다. 이 작품은 예수와 열두 제자의 모습을 담고 있는데 이전에 다른 화가들이 그렸던 〈최후의 만찬〉과 달리 수학적 원근감이 돋보이는 작품으로 평가받습니다.

〈최후의 만찬〉은 이탈리아 밀라노에 위치한 산타마리아 델레 그라치에 수도원 식당 건물에 벽화로 그려져 있습니다. 하지만 아쉽게도 작품은 손상이 많은데, 레오나르도가 이전에 사용하던 방식이 아닌 새로운 기법으로 그림을 그렸기 때문입니다. 게다가 홍수로 파손되기도 했고, 제2차 세계 대전 당시 그림이 있던 식당 지붕 위로 폭탄이 떨어지는 등 수난을 겪었습니다.

〈피에타〉

"천재가 어떤 사람인지 궁금하다면 미켈란젤로를 보라!" 미켈란젤로의 전기를 썼던 로맹 롤랑이라는 사람이 남긴 유명한 말로 그의 천재성을 이야기하기 위해 자주 인용되곤 합니다. 이 뛰어난 천재의 어린 시절은 어땠을까요? 미켈란젤로는 귀족 출신이

　　　　2부 새로운 세계를 꿈꾼 맞수들

<피에타>, 미켈란젤로, 1499년~1500년 사이. 성모 마리아의 가슴 띠 부분에 라틴어로 '피렌체 사람 미켈란젤로 부오나로티가 제작했다'라는 글이 새겨져 있다. 이는 미켈란젤로가 남긴 작품 중 유일하게 서명이 새겨진 작품이다.

지만 가정 형편이 넉넉하지 않았습니다. 하지만 그는 가족의 반대를 무릅쓰고 예술가의 길을 걷습니다. 당시 피렌체는 메디치가문의 영향력이 절대적이었는데 메디치가를 이끌었던 로렌초가 일찍부터 미켈란젤로의 재능을 알아보았다고 합니다. 어린 시절 미켈란젤로는 메디치가의 후원을 받으며 조각에 열중했고 다양한 예술가들과 교류하게 되지요.

미켈란젤로의 대표작으로는 대리석으로 만든 다비드상과 시스티나 성당의 천장화가 유명합니다. 많은 작품 가운데 젊은 시절의 미켈란젤로를 유명하게 만들어 준 조각상이 있습니다. 바로 〈피에타〉라는 조각상입니다. '피에타(Pietà)'는 이탈리아어로 슬픔이나 동정, 비탄 등을 뜻하는데 기독교 예술에서는 주로 성모 마리아가 예수의 시신을 안고 슬픔에 잠긴 모습으로 표현됩니다. 미켈란젤로는 "신의 어머니는 지상의 어머니처럼 울지 않는다."라며 죽은 예수를 끌어안은 성모 마리아의 절제된 슬픔을 표현했고 지금까지도 사랑받는 대작품을 만들어 냈습니다.

〈피에타〉를 자세히 살펴보면 성모 마리아의 가슴 부분 장식띠에 글이 새겨진 것을 볼 수 있습니다. '피렌체 사람 미켈란젤로 부오나로티가 제작했다'라고 적힌 구절을 보면 작품에 대한 미켈란젤로의 뿌듯함과 자부심을 엿볼 수 있지요.

미켈란젤로는 스스로를 조각가라 생각했지만 그는 그림과 건축, 시에도 뛰어난 재능을 보이는 다재다능한 예술가였습니다. 그는 교황 율리우스 2세의 요청으로 시스티나 성당의 천장화를 그리게 되는데, 이 시기 그가 쓴 편지를 살펴보면 작업이 굉장히 고통스럽고 힘들었던 것으로 보입니다. 미켈란젤로는 4년여 기간 동안 목을 뒤로 젖히고 천장에 그림을 그리는 고된 작업을 홀로 해내느라 눈과 목에 문제가 생기기도 했습니다. 하지만 미켈

  2부 새로운 세계를 꿈꾼 맞수들

란젤로는 마침내 천장화를 완성했고 시스티나 성당 천장화는 지금까지도 전 세계 사람들의 찬사를 받고 있지요.

두 천재의 격돌

레오나르도와 미켈란젤로는 스무 살 이상 나이 차이가 났지만 이탈리아에서 동시대를 살았습니다. 당시에도 모르는 사람이 없을 만큼 능력이 뛰어났기 때문에 두 사람도 서로의 존재도 알고 있었지요. 사실 두 사람은 사이가 좋지 않았다고 알려져 있습니다.

이와 관련해 재미있는 일화가 전해집니다. 레오나르도가 길을 걷던 중 사람들이 그를 붙잡고 단테의 글에 대해 질문합니다. 레오나르도는 멀리서 길을 걷던 미켈란젤로에게 물어보라고 말하지요. 자신을 함정에 빠뜨리려는 의도라고 생각한 미켈란젤로는 레오나르도가 밀라노에서 청동 기마상을 완성하지 못했던 이야기를 꺼내며 레오나르도를 당황하게 만들지요.

그런데 두 사람이 미술적 성취를 겨루게 되는 일이 생깁니다. 피렌체 시의회가 베키오 궁전에 있는 대회의실 벽화를 두 사람에게 의뢰한 것입니다. 레오나르도와 미켈란젤로는 서로 반대편 벽을 할당받았습니다. 레오나르도는 이때 앙기아리 전투를 주제로

했고, 미켈란젤로는 카시나 전투를 그리기로 했지요.[*]

승부의 결과는 어땠을까요? 아쉽게도 이 대결은 승리자가 없었습니다. 두 사람 모두 벽화를 완성하지 못했기 때문이지요. 레오나르도는 앙기아리 전투 작품을 완성하지 않고 밀라노로 돌아갔으며, 미켈란젤로도 벽화를 완성하지 않은 채 교황 율리우스 2세의 부름을 받아 로마로 떠납니다. 두 벽화는 현재 전해지지 않지만 다행히도 레오나르도의 습작과 바스티아노 다 사갈로의 모사를 통해 부분적으로 어떤 그림이었을지 유추할 수 있습니다.

두 사람이 경쟁자로 서로를 의식했다는 사실을 알 수 있는 재미있는 증거는 또 있습니다. 레오나르도의 노트에 미켈란젤로가 조각한 다비드상에 대한 습작이 남아 있다는 것입니다. 미켈란젤로가 레오나르도의 앙기아리 전투 일부를 모사한 것도 남아 있다고 하니 두 사람이 서로에게 관심을 크게 가진 것은 분명한 사실 같습니다.

이탈리아의 피렌체와 밀라노에서 두 사람은 각자의 예술 세계를 발전시키며 천재 예술가로 널리 이름을 알렸습니다. 두 사람은 타고난 천재성도 있었지만 치열하게 공부하고 노력하는 예술

---

[*] 앙기아리 전투는 1440년 밀라노를 상대로 피렌체가 승리한 전투이며, 카시나 전투는 피렌체가 피사를 맞이하여 대승을 거둔 사건이다. 피렌체 정부는 두 천재의 작품으로 피렌체의 빛나는 역사를 새기고자 했다.

가였습니다. 레오나르도는 그림을 잘 그리기 위해 인체를 직접 해부해 자세히 관찰하고 자신이 보고 분석한 바를 그림과 글로 기록했습니다. 미켈란젤로 역시 그림과 조각을 위해 해부학을 열심히 공부했지요. 두 사람 모두 작품을 위해 얼마나 철저하게 준비하고 공부했는지 알 수 있는 부분입니다. 이러한 노력이 있었기 때문에 인간 중심의 정신이 담긴 르네상스 시기 두 천재 예술가가 더욱 특별한 위치를 차지하는 것은 아닐까요?

필기광 레오나르도 다 빈치

레오나르도는 지독한 필기광으로 알려져 있다. 그는 항상 노트를 가지고 다니면서 자신이 본 것, 그리고 어떻게 그림을 그릴지에 대한 계획 등 구체적이고 자세한 사항을 꼼꼼하게 적었다. 레오나르도는 잠들기 전에 그날 본 것들을 그림으로 기록해서 작품에 대한 밑그림이 많이 남아 있다. 현재 우리가 레오나르도의 사소한 일화까지 알 수 있는 것도 노트의 기록 덕분이다. 레오나르도는 1497년과 1505년 두 차례에 걸쳐 자신이 읽은 책 목록도 정리했는데 무려 170권이나 된다. 레오나르도는 죽기 전 제자에게 자신의 노트를 남겼고 그 덕에 우리가 일부나마 레오나르도의 노트를 볼 수 있게 되었다.

메디치가 이야기

르네상스를 이야기할 때 빼놓을 수 없는 곳이 이탈리아의 피렌체다. 또 피렌체 하면 늘 함께 떠올리는 유명한 가문이 있다. 바로 메디치가이다. 피렌체를 지배한 메디치 가문은 이 도시에 예술과 문화가 꽃 필 수 있도록 전폭적인 후원과 지원을 아끼지 않았다.

메디치가가 피렌체를 지배하면서 수많은 예술가를 후원할 수 있었던 데에는 그들이 가진 막대한 부가 한몫했다. 메디치 가문의 시조 조반니 디 비치 데 메디치는 피렌체에 은행을 설립해 재산을 축적했고 교황의 돈을 관리하며 친밀한 관계를 유지했다.

조반니의 아들 코시모는 아버지에게 상속받은 재산을 바탕으로 가문의 부를 더 크게 늘려 나갔다. 코시모는 특히 예술에 굉장히 관심이 많았기 때문에 숱한 예술가가 피렌체의 메디치가로 몰려들었다. 거기다가 콘스탄티노폴리스가 오스만 제국에 함락되자 많은 철학자와 신학자도 피렌체로 이주하게 되었고 메디치가는 이

우피치 미술관 내부의 모습.

들에 대한 후원도 아끼지 않았다. 코시모의 손자 로렌초도 지금 우리가 이름만 들어도 알 수 있는 예술가들을 후원한 것으로 유명하다. 로렌초는 조각 학교를 세워 수많은 조각가가 계속해서 공부할 수 있도록 했다.

그러나 영원할 것만 같았던 메디치의 영광도 세월이 흘러 지는 해처럼 저물어 갔다. 메디치 가문의 마지막 후손 마리아 루이자는 몇 대에 걸쳐 모은 아름답고 귀중한 예술품들을 모두 국가에 기증했다. 이때 기증된 예술품은 오늘날 피렌체의 우피치 미술관에서 감상할 수 있다. 세계에서 가장 인기 있는 미술관 중 하나인 우피치 미술관은 르네상스 시기를 별처럼 수놓았던 천재들의 작품을 감상할 수 있는 곳이자 메디치가의 화려했던 흔적을 찾아볼 수 있는 곳이다.

근대 정치사상의 창시자

니콜로 마키아벨리

vs

토머스 홉스

마키아벨리와 토머스 홉스는 근대 정치 철학을 대표하는 동시에 후대 사람들로부터 많은 오해를 받는 사상가이기도 합니다. 마키아벨리는 《군주론》이라는 책을 썼는데 이 책에서 그는 군주가 권력을 유지하려면 도덕적일 필요도 없고 권모술수에 능해야 한다는 다소 파격적인 주장을 펼칩니다. 이 때문에 그에게는 냉혹한 정치술을 대변한다는 말이 꼬리표처럼 붙습니다. 토머스 홉스는 《리바이어던》이라는 책을 썼습니다. 이 책에서 그는 국가의 모든 권력은 왕이 다 가져야 한다고 주장했는데 그 때문에 절대 왕정을 옹호한 사상가로 인식되지요. 마키아벨리와 토머스 홉스가 왜 이런 주장을 했는지 자세히 살펴봅시다.

니콜로 마키아벨리

- 생몰 : 1469년~1527년
- 국적 : 피렌체 공화국
- #《군주론》 #마키아벨리즘
  #여우의 영리함과 사자의 용맹함

니콜로 마키아벨리  토머스 홉스

토머스 홉스

- 생몰 : 1588년~1679년
- 국적 : 영국 웨스트포트
- #《리바이어던》 #사회계약설
  #만인의 만인에 대한 투쟁

마키아벨리는 왜 《군주론》을 쓰게 되었을까?

마키아벨리는 1469년 이탈리아 피렌체에서 태어났습니다. 피렌체는 르네상스 예술과 학문의 중심지이자 경제와 문화가 발달한 토스카나 지역의 대표 도시입니다. 당시 피렌체에서 공직자가 되려면 인문학적 소양을 갖추어야 한다는 인식이 널리 퍼져 있었는데 마키아벨리의 아버지는 아들을 당대 최고 인문학자들에게 수업받으며 공부할 수 있도록 했습니다. 마키아벨리가 피렌체 정무위원회 제2 서기장직에 오른 것은 우연이 아니었지요.

1502년 마키아벨리는 피렌체의 외교관으로서 아주 중요한 기회를 얻습니다. 바로 교황 알렉산드르 6세의 아들이자 이탈리아 중부 로마냐 지역을 정복한 군사 지도자 체사레 보르자를 가까운 거리에서 관찰할 기회를 얻은 것이지요. 마키아벨리는 보르자의 궁정에서 약 4개월 동안 임무를 수행하며 그에게서 이탈리아를 통치할 군주의 능력을 발견하게 됩니다. 마키아벨리가 보기에 보르자는 자신감, 용맹함, 신중함을 갖추었을 뿐만 아니라 냉혹함과 잔인함까지도 겸비한 이상적인 군주였습니다. 그래서 마키아벨리는《군주론》을 집필할 때 보르자를 모델로 삼았지요.

외교관으로서 뛰어난 성과를 올리던 마키아벨리에게도 위기가 닥칩니다. 1512년, 추방된 메디치 가문이 다시 권력을 잡은 것이었죠. 공화정 지지자로 인식된 마키아벨리는 메디치 가문에 대한 반란 모의 혐의로 공직에서 쫓겨나 투옥되기도 했습니다. 이후 마키아벨리는 공직에 복귀하지 못했지만 이 시기 후대에 길이

남을 고전 《군주론》을 집필했습니다.

사실 《군주론》은 마키아벨리가 자신의 능력을 인정받고 다시 공직에 복귀하기 위해 피렌체의 새로운 군주 로렌초 데 메디치에게 바친 책입니다. 마키아벨리는 로렌초가 용감한 군인이자 체사레 보르자 이후 인간의 역량과 시대적 행운을 모두 갖춘 인물이라고 생각하여 《군주론》을 쓴 뒤 그에게 헌정하지요. 마키아벨리는 《군주론》에 어떤 내용을 담았을까요?

여우의 영리함과 사자의 용맹함을 지닌 군주

마키아벨리가 태어난 15세기 이탈리아는 지금처럼 하나로 통일된 나라가 아니었습니다. 나폴리 왕국, 밀라노 공국, 베네치아 공화국, 피렌체 공화국, 로마 교황청으로 분열되어 주도권을 두고 침략과 동맹을 반복하는 상황이었지요. 이런 혼란을 극복하려면 강한 군대와 카리스마를 지닌 군주가 이탈리아를 통일하는 일이 우선이라고 마키아벨리는 생각했습니다.

마키아벨리는 군주라면 냉정하게 현실을 직시해야 한다고 이야기합니다. 군주는 덕(德)으로 보이는 일이라도 나라를 위태롭게 한다면 피하고, 비록 악(惡)이라도 그것이 국가의 안전과 복지를 위한 일이라면 마땅히 행해야 한다고 했습니다. 또 군주는 '여

     2부 새로운 세계를 꿈꾼 맞수들

우의 영리함과 사자의 용맹함'을 동시에 지니고 있어야 한다고
주장합니다.

> "군주는 짐승의 방법을 잘 이용할 줄 알아야 하는데, 그중에서도
> 여우와 사자를 모방해야 합니다. 왜냐하면 사자는 함정에 빠지
> 기 쉽고 여우는 늑대를 물리칠 수 없기 때문입니다. 따라서 함정
> 을 알아차리기 위해서는 여우가 되어야 하고 늑대를 혼내 주려
> 면 사자가 되어야 합니다."
>
> _《군주론》, 제18장

마키아벨리는 군주가 도덕적일 필요도 없고 종교적인 가르침
을 따르지 않아도 되며, 어떤 결정을 할 때 오직 현실적으로 국가
의 안녕과 평화를 지키는 데 도움이 되는지만 고려하면 된다고
주장했습니다.

여기까지 읽으면 마키아벨리가 왕이 다스리는 군주정을 지지
한 사람이라고 생각할 수도 있지만 사실은 그렇지 않습니다. 그
는 국가를 세우는 일은 강한 권력을 지닌 한 사람이 이루는 것이
적합하지만, 그 이후에 정부를 효율적으로 유지하는 일은 한 사
람의 어깨에 짊어지게 해서는 안 된다고 생각했습니다. 게다가
인간의 탐욕은 끝이 없어서 권력을 쥔 시간이 길어지면 반드시

부패하기 마련이라고 여겼죠. 결국 마키아벨리는 《군주론》에서, 불안정한 이탈리아를 통일하는 일은 강력한 군주가 완성하고 국가가 안정된 뒤에는 권력을 여러 사람이 나누는 공화국 체제로 나아가야 한다고 주장한 것입니다.

공포와 쌍둥이로 태어난 홉스

홉스는 1588년 영국의 웨스트포트에서 태어났습니다. 홉스의 어머니는 에스파냐의 무적함대가 영국을 공격한다는 소문에 놀라 홉스를 일곱 달 만에 조산했습니다. 이 일을 두고 훗날 그는 자서전에 "나는 공포와 쌍둥이로 태어났다."고 기록했지요.

어려서부터 총명했던 홉스는 인문학 지식이 풍부했고 특히 라틴어를 비롯해 그리스어, 프랑스어, 이탈리아어 등 언어에 뛰어난 재능을 보였습니다. 홉스는 평생 귀족 가문의 가정 교사로 일하면서 귀족 자제들에게 정치 철학과 고전을 가르쳤습니다. 그렇게 주로 왕과 가까운 사람들과 교류하며 정치적으로는 왕당파의 입장에 속하게 되었지요.

17세기 영국은 찰스 1세가 왕권신수설[*]을 신봉하면서 국정을

★　왕의 권한은 신이 부여한 것이기 때문에 절대적으로 복종해야 한다는 정치 이론이다.

독단적으로 운영해 의회파와 갈등이 심해진 상황이었습니다. 게다가 스코틀랜드와의 전쟁 경비를 마련하기 위해 왕이 의회를 소집하자 사람들의 불만이 점점 커져 왕당파와 의회파 간에 내전이 벌어지는데 이 사건이 바로 청교도 혁명(1642년~1649년)입니다. 왕당파와 의회파의 갈등이 한계로 치닫자 크롬웰**은 철기군을 이끌고 왕당파를 제압했습니다.

힘의 균형이 의회파 쪽으로 기울자 왕정을 지지한 홉스는 신변의 위협을 느껴 재빨리 프랑스로 떠났습니다. 프랑스에서 11년 동안 망명 생활을 하면서 1651년 마침내 그의 역작《리바이어던》을 저술했습니다.

만인의 만인에 대한 투쟁과 사회 계약론

홉스는 자신의 출생 과정에 대해 언급하며 썼던 '공포'의 감정에서 새로운 정치사상의 실마리를 찾습니다. 17세기 유럽 전역을 휩쓴 종교 갈등과 영국의 청교도 혁명을 겪으면서 홉스는 모든 개인의 궁극적인 목적은 공포 상태에서 벗어나 자신의 생명을 보호하는 것이라 여깁니다. 쉽게 말해 "목숨보다 중요한 것이 뭐가

** 영국의 정치가이자 군인이다. 청교도 혁명 당시 의회파를 이끌었고, 공화정을 시행하며 호국경에 취임해 권력을 손에 쥐었다.

있어?"라는 뜻이죠.

정치 철학에서는 인간이 사회와 정부를 형성하기 이전의 원초적 상태를 '자연 상태'라고 합니다. 홉스는 자연 상태가 평화롭고 아름답기만 한 세상이 아니라 사람들이 서로 경쟁하며 생존을 위해 폭력을 사용할 수밖에 없는 '만인의 만인에 대한 투쟁' 즉, 전쟁 상황과 같다고 생각했습니다.

"자연 상태에서 벌어지는 모든 일은 만인이 만인에 대해 투쟁 상태, 즉 자기 자신의 힘과 노력 이외에는 어떠한 안전 대책도 존재하지 않는 상태 (중략) 이러한 상태에서는 성과가 불확실하기 때문에 근로의 여지가 없다. (중략) 예술이나 학문도 없으며, 사회도 없다. 끊임없는 공포와 생사의 갈림길에서 인간의 삶은 고독하고, 가난하고, 험악하고, 잔인하고, 그리고 짧다."

_〈인간의 자연 상태에 대하여〉《리바이어던》, 제13장

홉스는 자연 상태에서 개인이 스스로의 힘만으로 자신을 보호하기 어렵기 때문에 국가라는 보호막이 필요하다고 생각했습니다. 강력하고 절대적인 힘을 가진 군주가 다스리는 국가 말이죠. 홉스는 "사람들의 자유로운 삶을 위해 강한 권력이 필요하다."고 주장했습니다. 강한 국가가 있을 때 오히려 국민이 더 안전하고

　　　　　　　　　　　　2부 새로운 세계를 꿈꾼 맞수들

《리바이어던》 표지. '리바이어던'이라는 이름은 구약 성서 욥기 41장에 나오는 바다 괴물 레비아탄에서 가져왔다. 그림 속 리바이어던은 머리에 관을 쓰고 칼과 십자장을 든 모습으로 사람들로부터 권리를 위임받은 통치자를 의미한다.

자유롭게 살 수 있다고 보았죠. 강한 법과 질서가 없으면 언제나 공격당할 위험에 놓이지만, 강한 왕이 존재하면 국민은 법의 보호를 받으며 자유롭게 생활할 수 있다고 말한 것입니다.

홉스는 《리바이어던》에서, 사람들이 자신의 생명을 안전하게 지키고 평화롭게 살기 위해서는 절대적인 권력자가 있어야 한다고 주장했습니다. 모든 권한을 왕이 가져야 한다는 생각은 홉스 이전에도 많은 사람이 주장했지만 홉스 주장의 특별함은 다른 곳에서 찾을 수 있습니다. 바로 주권자의 권한이 신으로부터 부여

된 것이 아니라 개인과 개인의 '계약'에 의해 정당성을 얻는다는 것입니다. 이것이 사회계약설의 출발입니다. 언제 죽을지 모르는 불안한 자연 상태에서 사람들은 자신이 소유한 자연권을 강한 힘을 가진 한 사람에게 모두 맡기는 '계약'을 체결하는 것이 자신의 생명을 지키고 사회 평화를 유지하는 유일한 방법이라는 결론에 이르게 되는 것이죠.

《리바이어던》에서의 이런 주장한 내용 때문에 왕정을 지지한다는 이유로 홉스는 의회파로부터 비난을 받은 것은 물론 왕권신수설을 부정한다며 왕당파에서도 미움과 냉대를 받았습니다.

'냉혹한 정치술의 상징' 마키아벨리와 '절대 왕정을 옹호한 악마' 홉스에 대한 후대 사람들의 오해는 이들의 생각을 단편적으로 이해했기 때문입니다. 마키아벨리가 《군주론》에서 강조한 국가의 독립성과 주권 개념, 그리고 《로마사 논고》에서 주장한 그의 공화주의 사상은 근대 국가 형성 과정에서 중요한 기초가 되었습니다. 또 홉스가 《리바이어던》에서 말한 '사회계약론'은 이후 존 로크와 장 자크 루소에게 이어져 개인주의와 자유주의 정치 철학의 발전에 큰 영향을 끼쳤습니다.

금서로 지정되면 베스트셀러가 된다?

《군주론》과 《리바이어던》이 출판되었을 당시 교황청은 책의 내용이 가톨릭 윤리에 어긋난다는 이유로 금서(禁書)로 지정했다. 아이러니하게도 두 책 모두 금서로 지정된 이후 오히려 더 많은 사람의 관심을 받았고 결국 근대 정치 철학의 중요한 고전이 되었다. 현대에 와서도 여러 국가에서 정치와 이념을 이유로 수많은 책이 금서로 지정되었는데 오히려 사람들의 궁금증을 자극해 베스트셀러가 된 사례가 많다. 1726년에 출간된 조너선 스위프트의 《걸리버 여행기》는 신성 모독을 이유로 금서로 지정되었고 1847년에 출간한 샬럿 브론테의 소설 《제인 에어》는 여성의 자의식이 너무 강해 사회 질서를 무너뜨린다는 이유로 금서로 비판받았다. 1949년에 출간된 조지 오웰의 소설 《1984》는 미국에서 공산주의를 옹호한다는 이유로, 또 소련에서는 전체주의 국가를 비판한다는 이유로 금서로 지정되었다. 하지만 이 책들은 현재까지도 베스트셀러로 전 세계인의 사랑을 받고 있다.

왕의 권한은 어디에서 오는가?
왕권신수설 vs 사회계약설

17세기 유럽의 왕은 국가와 체제를 유지하기 위해 자신에게 절대적인 능력이 있다는 것을 확립할 이론적 기반이 필요했다. 그 필요성을 충족시킨 주장이 왕권신수설이다. 왕권신수설이란 왕의 권한은 신이 부여했기 때문에 신의 대리자인 왕에게 절대복종해야 한다는 이론이다. 따라서 왕을 비난하고 공격하는 일은 신성 모독으로 간주해 아주 엄한 처벌이 따른다.

그러나 왕권신수설에 반대하는 사람들이 등장했는데 대표적 인물이 홉스와 로크이다. 이들은 국가가 등장하기 전에 개인이 먼저 존재했다고 생각했다. 그리고 사람들이 안전하고 평화롭게 살아가고자 필요에 따라 서로 계약에 합의하여 국가를 만들게 되었다는 것이다. 이를 사회계약설이라고 한다.

홉스와 로크는 사회적 계약으로 국가가 만들어졌다는 데에는 동의했지만 각자 이상적으로 생각하는 정치 형태는 달랐다. 홉스는 개인이 가진 모든 자연권을 한 사람, 즉 왕에게 양도하는 절대 왕정을 지지했다. 로크는 자연권의 일부만 양도하

는 입헌 군주제를 추구하면서 통치자가 나라를 잘 다스리지 못하면 양도한 자연권을 다시 돌려받을 수 있는 저항권을 주장했다.

3부

서로 비슷하게,
서로 다르게

맞수

힘, 재주, 기량 따위가 서로 비슷하여
우열을 가리기 어려운 상대

부패에 저항한 종교 개혁가

마르틴 루터

vs

장 칼뱅

16세기 초 교황청에서는 면벌부를 사람들에게 팔았습니다. 이 면벌부를 사면 벌을 면하고 천국에 갈 수 있다고 주장했지요. 사람들은 성직자 앞에 줄지어 서서 면벌부를 사기 위해 돈을 지불했습니다. 이는 당시 로마 가톨릭의 부패가 얼마나 심했는지 알 수 있는 사건이었습니다. 가톨릭 교회의 부패에 맞서 저항한 사람이 바로 마르틴 루터와 장 칼뱅입니다. 종교 개혁을 시작하고 완성한 것으로 평가받는 두 사람에 대해 함께 알아볼까요?

마르틴 루터

- 생몰 : 1483년~1546년
- 국적 : 신성 로마 제국
- #로마 가톨릭→개신교(루터파) #95개조 반박문 #면벌부 반대 #종교 개혁의 시작

장 칼뱅

- 생몰 : 1509년~1564년
- 국적 : 제네바 공화국
- #로마 가톨릭→개신교(칼뱅파) #예정설 #근면과 절약 #종교 개혁의 완성

면벌부 판매에 분노한 루터

마르틴 루터는 1483년 신성 로마 제국(독일) 중동부의 도시 아이슬레벤에서 태어났습니다. 엄격한 아버지 아래에서 법률가가 되도록 강요받으며 성장한 그는 어느 날 폭풍을 만나 자신이 죽을지도 모른다는 공포를 느낀 뒤 성직자가 되겠다고 신에게 맹세했습니다.

신학을 배우기로 결심한 루터는 당시 유행하던 인문주의의 영향을 받아 성경을 논리적으로 탐구하며 진리를 깨닫기 위해 노력했지요. 1510년 루터는 가톨릭의 중심인 로마를 방문한 뒤 성경의 가르침과는 달리 타락한 성직자들의 모습을 보게 됩니다.

이 시기 교황 레오 10세는 성 베드로 대성당의 증축에 필요한 돈을 마련하기 위해 면벌부를 발행했습니다. 교황의 오른팔인 성직자 테첼은 면벌부를 사면 천국에 갈 수 있다며 홍보했는데, 루터는 이를 말도 안 되는 심각한 부패라고 생각하게 되었지요.

면벌부를 판매하는 성직자들

1517년 어느 날 루터는 독일 비텐베르크 성당에 가톨릭 교회를 비판하는 〈95개조 반박문〉을 붙였습니다. 그는 반박문에서, 면벌부는 성경에 없는 내용이며 진실로 회개한 크리스트교도는 면벌부 없이도 죄에서 벗어날 수 있다고 주장했지요. 반박문은 구텐베르크가 발명한 금속활자 인쇄술의 도움으로 유럽 전역에 빠

르게 퍼졌습니다. 인쇄술이 없었다면 루터의 반박문은 작은 도시 비텐베르크 안에 있는 사람들에게만 알려졌을지도 모릅니다.

〈95개조 반박문〉 중

· 교황이 모든 벌을 면제한다고 선언한다면 그것은 진정한 의미에서의 모든 벌이 아니라, 단지 교황 자신이 내린 벌을 면제한다는 것뿐이다. (제20조)

· 진실로 회개한 크리스트교도는 면벌부가 없어도 벌이나 죄에서 완전히 해방된다. (제36조)

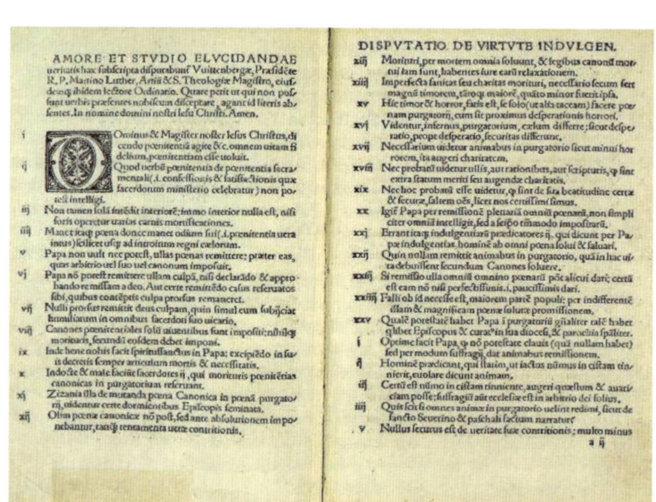

가톨릭 교회를 비판하는 〈95개조 반박문〉.

3부 서로 비슷하게, 서로 다르게

루터파 개신교, 종교의 자유를 얻다

루터의 반박문이 널리 퍼지자 교황청은 루터를 파문(기독교 공동체에서 쫓아냄)하고 심문했습니다. 협박받는 상황에서도 루터는 황제들과 제후들 앞에서 이렇게 말합니다.

> "나는 성경과 하나님의 말씀에 근거를 두고 이야기하고 있습니다. 그래서 나는 내 주장들을 취소할 수 없습니다!"

로마 가톨릭을 비판했다는 이유로 루터는 이단자로 취급받으며 생명의 위협까지 느껴야 했는데 이때 루터를 도운 사람이 바로 작센 지역의 선제후(신성 로마 제국의 황제 선출권을 지닌 제후) 프리드리히였습니다. 그는 자신의 옳다고 생각하는 바를 끝까지 밀어붙이는 성향의 사람이었는데, "독일 백성은 교황청이 아닌 독일 법의 보호를 받아야 한다."고 주장하며 루터를 끝까지 보호하려 했습니다. 어느 날 루터가 괴한에게 납치당하는 일이 벌어졌는데, 알고 보니 프리드리히 선제후가 교황청의 눈을 속이기 위해서 벌인 일이었습니다. 루터를 납치한 것처럼 꾸며서 그를 안전한 성으로 피신시킨 것이었지요.

선제후의 보호 아래 루터는 여러 논문을 발표하며 자신의 주장을 뒷받침하는 성경적 근거를 튼튼하게 만들어 나갑니다. 그는 신학적 신념을 완성하는 의미로 성경을 독일어로 번역했습니다. 당시까지만 해도 성경은 어려운 라틴어로 쓰여 있어서 성직자나 귀족이 아니면 제대로 읽기가 힘들었습니다. 루터의 노력으로 누구나 성경을 쉽게 읽고 해석할 수 있게 되었지요.

현실 정치에서 루터파 개신교가 인정받는 길은 멀고도 험했습니다. 독일 제후 가운데 가톨릭을 지지하는 사람들이 여전히 많았기 때문입니다. 소수였지만 루터를 지지하는 제후들은 힘을 합쳐 저항했고 마침내 1555년 아우크스부르크 종교 화의를 통해 독일 내에서 루터파 개신교가 공식 종교로 인정되는 성과를 거두었습니다. 그러나 안타깝게도 루터는 종교 개혁이 완성되는 모습을 보지 못한 채 1546년 병을 얻어 세상을 떠나고 맙니다.

구원이 예정되어 있다고 주장한 칼뱅

종교 개혁에서 루터와 함께 중요하게 거론되는 인물이 장 칼뱅입니다. 칼뱅은 1509년 프랑스 북부의 누아용에서 태어났습니다. 루터와 마찬가지로 칼뱅은 신학 공부를 시작하며 인문주의에 영향을 받아 성경에 근거를 둔 논리적인 신학 탐구에 관심을 기울였습니다. 당시 프랑스에서는 종교 개혁에 대한 탄압이 심했는데 칼뱅도 이에 자유롭지는 못했습니다.

   3부 서로 비슷하게, 서로 다르게

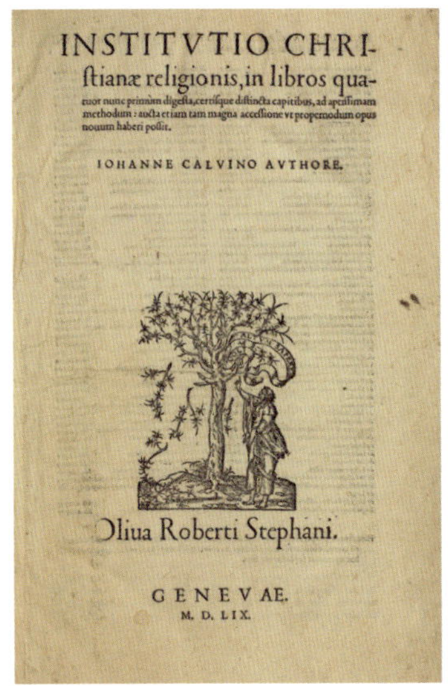

칼뱅이 쓴 《기독교 강요》 표지.

칼뱅의 친한 친구가 파리 대학 학장으로 취임할 때였습니다. 칼뱅은 친구의 취임식 원고 작성을 도왔는데 여기에 가톨릭을 비판하고 루터의 종교 개혁을 지지하는 내용이 담겨 있었습니다. 이에 가톨릭을 믿고 있던 프랑스 국왕은 크게 분노해 관련자들을 처형하라고 명령했습니다.

칼뱅은 탄압을 피해 스위스로 떠나 은둔 생활을 시작했습니다. 이때 그는 자신의 종교 개혁 사상을 녹여 낸 책 《기독교 강요》를 완성했습니다. 칼뱅은 이 책에서 "구원은 오직 믿음으로 이루어진다."고 생각한 루터의 사상을 발전시켜 "구원은 이미 신에 의해서 결정되어 있다."는 예정설을 주장했습니다. 또 인간이 적극적인 사회 활동을 통해 신의 영광을 드러낸다고 보면서, 근면하고 성실하게 살아야 한다고 강조했습니다.

종교 개혁을 완성한 칼뱅

칼뱅의 종교 개혁은 스위스 제네바에서 시작되었습니다. 당시 제네바는 가톨릭을 믿는 왕의 지배를 받다가 독립한 상황이었습니다. 제네바 의회는 가톨릭으로부터 완전히 자유로워지기 위해 칼뱅 같은 유명 인사가 주도하는 종교 개혁이 필수적이라고 생각했지요.

완벽주의 성향이 있었던 칼뱅은 성경을 기준으로 삼아 제네바 사람들의 일상을 엄격하게 통제했습니다. 시민들이 악기를 연주하거나 춤을 추는 등 큰 소리를 낼 수 없는 법이 만들어졌고, 화려한 옷을 입는 일도 통제되었으며 교회 예배 중에 졸면 감옥에 가두는 일도 벌어졌지요. 그래서 칼뱅은 폭군이라고 비판받기도 했습니다. '성경에 적힌 대로 사는 일(성서 지상주의)'은 이론적으로는 아름답지만 실현하기란 정말 어려운 일이었지요.

그럼에도 성서를 강조한 칼뱅의 종교 개혁은 인쇄술의 발전과 함께 유럽 각 지역으로 퍼졌고 칼뱅파 교회의 수도 빠르게 늘어갔습니다. 완벽주의 성향으로 스트레스가 많았던 칼뱅은 여러 질

스위스 제네바의 종교 개혁 기념 공원에 있는 동상. 종교 개혁을 시작하고 확산시킨 인물들로 왼쪽부터 파렐, 칼뱅, 베즈, 낙스의 모습이 새겨져 있다.

병에 시달리다가 1564년에 생을 마감했습니다. 죽기 직전까지도 일주일에 열 차례가 넘는 설교 활동과 신도들에 대한 교육을 지속했다고 하니 그가 얼마나 자신에게도 엄격했는지 알 수 있습니다.

칼뱅의 죽음 이후 칼뱅주의 신학은 더 많은 곳으로 확산되었습니다. 적극적인 사회 활동을 강조한 칼뱅의 신앙은 당시 성장하고 있었던 상공업자들(시민)에게 활동의 정당성을 부여했지요. '근면하게 일하고', '절약하고', '부를 축적하는' 칼뱅 신앙의 특징은 곧 근대 자본주의의 발전으로 이어지게 됩니다. 이후 개신교의 영향력이 강력해지자 유럽 각 지역에서 가톨릭 세력과 개신

교 세력간에 30년에 걸친 전쟁이 벌어졌습니다.(30년 전쟁, 1618년
~1648년) 오랜 전쟁 끝에 베스트팔렌 조약(1648)이 맺어져 루터파
와 칼뱅파를 포함한 개신교의 종교적 지위가 인정되었고, 비로소
종교 개혁이 완성되었지요.

　면벌부 판매를 비판한 루터의 용기 있는 행동은 종교 개혁을
출발시켰고, 기독교인의 윤리를 강조한 칼뱅은 새로 탄생한 개신
교의 사회적 영향력을 높였다고 볼 수 있습니다. 루터가 외친 ‘오
직 성경’은 이후 가톨릭까지도 포함한 기독교 개혁에 많은 영향
을 주었고, 칼뱅이 외친 ‘근면과 성실’은 이후 전개될 유럽의 산업
혁명과 미국의 탄생에 큰 영향을 끼쳤지요. 오늘날까지도 종교
개혁은 인류 역사를 뒤바꾼 큰 사건으로 인정받고 있습니다.

기독교(크리스트교)도 여러 종류가 있다고?

전 세계적으로 기독교는 크게 로마 가톨릭, 정교회, 개신교 등으로 분류된다. 로마 가톨릭은 교황을 종교 지도자로 인정하고 바티칸 교황청에서 각 국가의 성당들을 지도하는 체계가 있다. 현재는 서부, 남부 유럽 지역과 라틴 아메리카 지역에서 큰 영향력을 발휘하고 있다. 정교회는 '올바른 교회'라는 뜻으로 동로마 지역 비잔티움 제국의 성장을 바탕으로 로마 가톨릭과 분리되며 등장했다. 오늘날에는 동유럽, 러시아, 발칸반도 등지에서 큰 영향력을 발휘하고 있다. 이집트 등 아프리카 북부에서 발생한 콥트 정교회도 정교회의 한 종파이다. 개신교는 1517년 루터의 종교 개혁 이후에 등장한 새로운 기독교 교파들을 통칭하는 것으로, '고쳐서 새로 만든 종교'라는 뜻이다. 가톨릭에 '항의(protest)'한 사람들이라는 뜻에서 '프로테스탄트(Protestant)'라고 불린다. 개신교 안에도 루터교, 장로교, 성공회, 감리교 등이 존재한다.

구텐베르크의 인쇄술이 없었다면
종교 개혁은 가능했을까?

중세 유럽에서는 종이 만드는 기술이 없어서 성경을 제작하는 데 양피지(羊皮紙, 양의 가죽으로 만든 얇은 천)를 썼다. 양피지로 성경 한 권을 만들려면 양 수십 마리가 희생되어야 해서 성경은 값이 엄청나게 비쌀 수밖에 없었다. 게다가 당시에는 인쇄술이 발달하지 않아 필경사(책을 베끼는 사람)가 몇 년 동안 문장을 베껴 쓰는 방식으로 성경을 제작했다. 따라서 성경은 부와 권위를 누리고 있었던 성직자들만이 소유할 수 있는 귀중품이었다.

중국(한나라)에서 개발한 종이 제작 방법이 유럽으로 전파되면서 상황은 변한다. 종이 개발로 귀중품과 맞먹던 책값이 크게 떨어지게 되었으며 사람들이 책을 많이 읽게 되었고 문맹률도 낮아졌다. 이런 시기에 요하네스 구텐베르크가 인쇄술을 개발했다. 그는 1450년 금속 활자를 이용한 인쇄물 제작에 성공했고, 1455년 《구텐베르크 성경》을 출판했다.

구텐베르크의 인쇄술 덕분에 라틴어 성경은 영어와 독일어 등으로 잇달아 번역

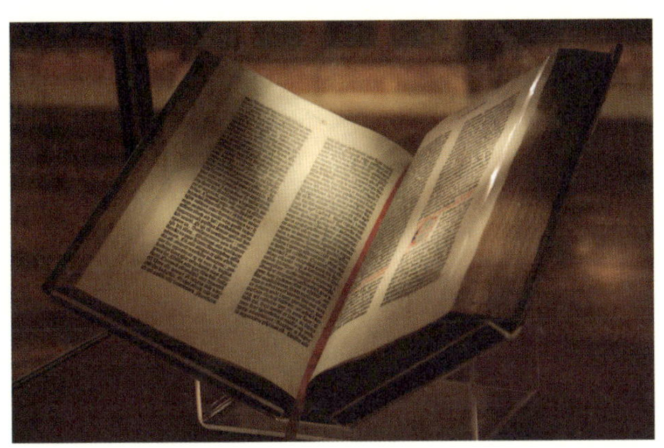

《구텐베르크 성경》은 금속활자를 사용해 인쇄한 출판물이다. 유네스코 세계기록유산으로 등재되어 있다.

되어 출판되었고 유럽 각 지역으로 퍼졌다. 성직자들이 라틴어로 된 성경을 읽으며 독점하던 시대에서, 일반 평민도 성경을 읽고 해석할 수 있는 새로운 세상이 된 것이다.

14

명·청 시대 전성기를 이끈 두 황제

{
영락제
vs
강희제
}

여러분은 중국의 수도 베이징을 여행해 보셨나요? 베이징 여행을 가면 첫 번째로 방문하는 곳이 명·청 시대 궁궐인 자금성입니다. 명·청대에 걸쳐 스물네 명의 황제가 자금성에서 거주하며 나라를 통치했지요. 자금성을 건축한 인물은 명나라의 3대 황제 영락제입니다. 영락제는 왜 자금성을 건축했을까요? 또 만주족 출신이지만 자금성에서 태어나 청의 전성기를 이끌었던 강희제는 어떤 통치를 했을까요? 두 사람에 대해 좀 더 자세히 알아봅시다.

영락제

생몰 : 1360년~1424년
국적 : 명나라
#베이징 천도 #자금성 건설
#정화의 항해 #동창, 환관 정치

영락제

VS

강희제

강희제

생몰 : 1654년~1722년
국적 : 청나라
#삼번의 난 진압 #《명사》 편찬
#네르친스크 조약 체결
#강희·옹정·건륭 전성기의 시작

명나라 건국과 영락제 즉위

13세기부터 유라시아 대륙에 걸쳐 세계 제국을 건국했던 몽골 제국은 14세기에 들어 잦은 왕위 다툼과 종이 화폐(교초)의 남발 등으로 혼란에 빠졌습니다. 게다가 홍수와 가뭄 등 자연재해까지 겹쳐 농민의 삶은 더욱 피폐해졌지요. 이런 상황에서 몽골 제일주의로 차별을 받던 한족들이 홍건적의 난*을 일으켰습니다. 이 난을 지휘하던 주원장은 여러 반원 세력을 통합하고 1368년 1월 강남의 금릉(지금의 난징)에서 명나라를 건국했습니다. 그가 바로 명나라 초대 황제 홍무제입니다. 홍무제는 넷째 아들 주체를 북평(지금의 베이징)을 다스리는 연왕에 책봉했습니다.

---

* 백련교도를 중심으로 한족의 농민군이 일으킨 반란. 머리에 붉은 수건을 둘러서 홍건적이라는 이름이 붙었다.

　홍무제는 큰아들 의문 태자(주표)가 죽은 뒤 장자 계승 원칙을 지킨다는 뜻에서 장손인 주윤문에게 황제 자리를 넘겨주었는데 그가 바로 2대 황제 건문제입니다. 건문제의 측근들은 황제의 권력에 가장 위협이 되는 인물인 연왕 주체를 제거하기 위한 시도를 여러 차례 하지만 결국 성공을 거두지 못하지요. 오히려 연왕은 자신의 조카 건문제를 즉위 4년 만에 폐위시키는 정난의 변을 일으키고 1402년 황제에 즉위합니다.

　황제가 된 영락제는 조카 건문제가 살았던 금릉을 꺼립니다. 또 여전히 명나라를 위협하는 몽골의 기습에 신속하게 대응하기 위해서라도 수도를 옮겨야겠다고 생각했지요. 1406년 영락제는 자신의 세력 기반이 있는 북경(베이징)으로 수도를 옮길 준비를 하며 이듬해부터 북경에 궁궐을 짓기 시작합니다. 1420년 말에 완공된 이 궁궐이 바로 자금성이지요.

자금성 건청궁의 모습. 왼쪽부터 월화문, 건청궁, 일정문.

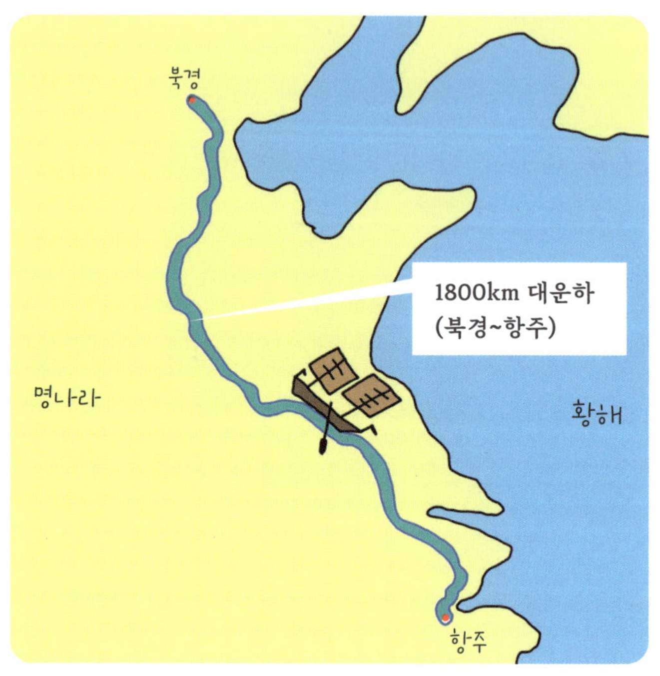

북경은 원나라가 세운 도시였습니다. 그래서 명나라 수도를 북경으로 옮기는 것에 대한 반대가 심했지요. 또 물산이 풍부한 강남 지역과 멀리 떨어져 있었기 때문에 다른 지역에서 북경으로 물자를 운반하려면 교통로가 필요했습니다. 그래서 영락제는 쿠빌라이가 건설하려다 실패한 대운하를 재건했습니다. 항주(지금의 항저우)에서 북경까지 거리는 무려 1,800㎞에 달했지요.

영락제는 환관 출신 정화를 함대와 함께 남해로 파견해 명의 국력을 과시했습니다. 정화는 1405년부터 1433년까지 약 28년에 걸쳐 무려 일곱 번이나 원정에 나섰지요.[*] 정화의 함대는 오늘날의 베트남, 인도, 아라비아반도에 이어 아프리카까지 도달했고 30여 개 나라가 명나라에 조공을 바치도록 했습니다. 영락제는 내륙에서도 북으로는 몽골, 남으로는 베트남을 정벌하며 국토를 넓혀 갔습니다. 서쪽으로는 티베트에 사절단을 보내 조공 관계를 맺는 데 성공했지요.

명나라의 전성기를 이끈 영락제에게도 오점은 있었습니다. 영락제는 환관들로 구성된 황제 직속 비밀 정보기관인 '동창'을 만들어 관료와 백성의 동정을 몰래 살폈는데, 동창의 우두머리로 황제의 최측근 환관을 임명했지요. 황제의 눈과 귀 역할을 하는 조직의 수장이 환관이었으니 환관들의 위세가 하늘을 찔렀습니다. 명나라 말기에는 환관 수가 정규 관료의 세 배인 10만여 명에 달할 정도였으며 그로 인한 폐해도 심각해졌지요. 이는 명나라 멸망의 한 원인으로 지목되기도 합니다.

명·청 교체와 강희제의 즉위

명나라가 중국 대륙을 지배하던 시기 중국 동북 지역(지금의 만주

[*]   자세한 내용은 202쪽 정화 편 참고.

일대)에는 여러 여진 부족이 살고 있었습니다. 그중에서 건주 여진 출신 누르하치가 세력을 키웠고, 1616년 여진 부족을 통합해 후금을 건국합니다. 한편 이자성이 일으킨 농민 반란으로 자금성이 함락되자 황제 숭정제가 자결함으로써 명나라는 멸망하고 맙니다. 이때 청나라* 장수 도르곤이 당시 만리장성의 산해관을 지키던 오삼계와 연합하여 이자성 세력을 진압하고 1644년 수도 북경에 입성합니다.

강희제는 1654년 북경의 자금성에서 태어났습니다. 아버지 순치제가 천연두로 갑자기 사망하자 여덟 살의 나이에 황제 자리에 오른 강희제는 어릴 적부터 부지런하기로 유명했습니다. 그는 새벽 네 시에 일어나 책을 읽고 궁궐 어른들께 아침 문안 인사를 드렸습니다. 오전 여덟 시부터 공부를 시작하면 끝나는 시간이 보통 저녁 여덟 시일 정도로 학문에 열중했지요. 강희제는 너무 열심히 책을 읽다가 피를 토할 만큼 공부 벌레였지만, 사냥에 나가면 앞장서서 말을 타고 호랑이를 쏘아 죽이는 용맹함을 보였습니다.

강희제가 즉위할 당시 한족은 약 1억 5천만 명, 만주족은 팔기군** 15만 명과 백성을 통틀어 100만 명 내외였습니다. 만주족 출신으로 비록 어린 나이에 황제가 되었지만 강희제는 적극적으

---

*   누르하치의 아들 홍타이지가 1636년 나라 이름을 후금에서 청으로 바꾸었다.

** 팔기군은 청나라 고유의 군사·행정 조직으로 여덟 개의 깃발로 이루어져 있다.

로 한족 지식인을 포섭해 나갔습니다. 한족 출신 인재를 등용하기 위해 수십 번의 삼고초려도 마다하지 않았고 명나라 태조 주원장의 사당을 찾아 절하며 한족의 민심을 얻으려 노력했습니다. 강희제는 특별 과거를 실시해 강남 지역 한족 지식인을 대거 관료로 등용했으며 명나라 역사를 정리한 《명사》 편찬 사업에 한족 학자들을 참여시키기도 했지요. 강희제는 명나라 멸망의 원인 중 하나로 꼽히는 환관 정치를 폐지했습니다. 그 대신 내무부를 새로 만들어 만주족 출신으로 황제의 비서실을 꾸렸습니다. 덕분에 청나라는 끝까지 환관들의 폐해를 겪지 않았던 유일한 중국 왕조가 될 수 있었지요.

한편 강희제는 오삼계 등이 일으킨 삼번의 난을 진압하고 대만(타이완)에서 청의 지배에 저항하던 정성공 세력을 정벌함으로써 대만까지 청의 영토로 만들었습니다. 당시 러시아는 동쪽으로 세력을 확장해 헤이룽장 유역을 침범하여 청나라의 옛 본거지인 만주를 노리던 상황이었습니다. 강희제는 러시아의 군사 거점을 공략해 승리를 거두고 1689년 러시아와 네르친스크 조약을 맺어 러시아의 남하를 저지하고 국경을 확정 지었습니다.

강희제는 61년 동안 재위하면서 청나라를 중국뿐만 아니라 세계 역사상 가장 강력한 나라 중 하나로 이끄는 기틀을 닦았습니다. 그는 청나라의 최전성기라고 불리는 강희제·옹정제·건륭제 3대 130여 년간의 '강건성세(康建盛世)'의 서막을 연 황제이기도 했지요.

영락제와 강희제는 명과 청의 전성기를 이끈 황제였습니다. 영락제는 베이징으로 수도를 옮기고 정화의 함대를 통해 국력을 과시했으나 환관을 통해 비밀 정보기관을 운영하며 명나라 말기 환관의 폐해를 초래했습니다. 어린 나이에 즉위한 강희제는 학문에 정진하고 한족 지식인을 등용하며 환관 정치를 폐지해 청나라의 안정과 발전을 이끌었습니다. 두 황제의 삶을 통해 강한 결단력과 신중한 결정을 내릴 줄 아는 리더의 역할이 얼마나 중요한지 다시 한번 생각해 보게 됩니다.

 3부 서로 비슷하게, 서로 다르게

삼번의 난은 왜 일어났을까?

명나라가 멸망한 뒤에도 청나라에 대항하는 반청 운동이 이어졌다. 대표적으로 오삼계 등이 주도한 삼번의 난이 있다. 청의 행정 구역 체제인 번(藩)은 봉건 체제에서 제후들이 다스리는 영역을 뜻했는데 명나라 장군 출신이었던 오삼계, 상가희, 경충명 등은 명나라가 이자성에 의해 멸망할 때 청군에 협력한 공적으로 각각의 번을 인정받고 있었다. 이들 번왕은 각 영지에서 모든 권한과 사병, 재정까지 독자적으로 행사하며 청나라 안에 세 곳의 영토인 번을 실질적으로 다스렸다. 1673년 상가희가 은퇴를 청원하며 영토의 왕위를 자신의 아들에게 세습하게 해 달라고 청원했다. 강희제는 은퇴는 허락하되 세습은 안 된다는 원칙을 강하게 내세우자, 오삼계를 주축으로 세 번왕이 반란을 일으켰다. 강희제는 무려 9년간 전쟁을 벌여 마침내 삼번의 난을 진압할 수 있었다.

명·청 시대의 궁궐,
자금성

자금성은 중국의 수도 북경을 상징하는 궁궐 건축물이다. 명나라 3대 황제 영락제 시기인 1420년부터 1924년 청나라 마지막 황제 선통제가 쫓겨날 때까지 500여 년 동안 명·청대의 황제 스물네 명이 살았다.

자금성은 건립까지 약 15년이 걸렸으며, 건축 과정에서 10만여 명의 기술자와 노동자 100만 명 이상이 동원되었다. 자금성은 980여 개 건물과 9천여 개 방으로 구성되었으며 외조(外朝)와 내정(內廷)으로 나뉜다. 외조는 황제의 공식 업무 장소인 태화전, 회의실인 중화전, 연회장이자 과거 시험장으로 활용되던 보화전으로 되어 있는데 이를 '삼전'이라 불렀다. 외조에서는 황제 즉위식이나 책봉식 등 황실 공식 행사를 담당했다. 오늘날 중국 정부에서도 세계 정상이나 국빈들이 방문하면 외교 행사를 이곳에서 연다.

내정은 주로 환관이나 궁녀 등 궁궐 직원들이 지내는 공간으로 활용되었다. 내정에는 황제의 침궁인 건청궁, 황제 부부의 신혼방인 곤녕궁과 휴식 공간인 교태전의 3궁이 속해 있다. 건청궁 앞에는 태화전과 같이 사자상이 세워져 있는데 특이하게도 건청궁의 사자상은 귀가 덮여 있다. 이는 황제가 "내정에서 일어나는 일은 듣지도 보려고 하지도 말라."며 궁인들에게 보내는 경고의 메시지를 담았다.

자금성은 15세기에 지어진 건물임에도 현재까지 무려 600여 년간 침수 피해가 단 한 번도 발생하지 않은 것으로 유명하다. 건설 당시부터 북쪽 지대를 높게 만들어 남쪽으로 물이 흐르게 하고, 용머리로 만든 배수구를 통해 물이 하천으로 배출되는 시스템을 잘 갖췄기 때문이다.

자금성은 청나라가 몰락한 뒤 1925년 고궁 박물원으로 바뀌며 민간에게 공개되었고 오늘날까지 많은 이들이 찾는 대표적인 관광지가 되었다.

15

미지의 세계를 꿈꾼 항해자

정화
vs
크리스토퍼 콜럼버스

21세기에 사는 우리는 바닷속 깊은 곳보다 우주에 대해 더 많이 안다고 합니다. 정화와 콜럼버스가 살던 15세기 사람들은 지구가 평평하다고 생각해서 바다 끝까지 가면 절벽 아래로 뚝 떨어진다고 믿는 사람이 많았습니다. 15세기 사람들에게 바다는 지금 우리가 느끼는 바다보다 훨씬 두렵고 알 수 없는 세계였지요. 정화는 명나라 황제의 위상을 알리기 위해, 콜럼버스는 또 다른 향신료 무역로를 찾기 위해 바다로 떠났습니다. 정화와 콜럼버스가 용감하게 항해에 나선 이야기를 함께 살펴봅시다.

정화

- 생몰 : 1371년~1433년
- 국적 : 명나라
- #조공국과 건문제를 찾는 항해
  #인도와 아프리카
  #영락제의 후원

정화  콜럼버스

콜럼버스

- 생몰 : 1450년~1507년
- 국적 : 제노바 공화국
- #인도 향신료를 찾는 항해
  #서인도 제도
  #이사벨라 여왕의 후원

세계 최대 규모의 해상 탐험단을 이끈 정화

1381년 중국 남서쪽 윈난성에 명나라 홍무제의 군대가 쳐들어왔습니다. 쫓겨난 몽골 세력이 끝까지 항복하지 않자 홍무제의 정벌이 시작된 것이었습니다. 전란이 벌어졌을 때 겨우 열 살이었던 마삼보는 명의 군대에 의해 부모님을 잃고 연경(현재의 베이징)에 끌려왔습니다. 이후 '정화'라는 이름을 새로 받고 환관이 된 마삼보는 영락제가 황제에 오를 수 있도록 도운 공을 인정받아 환관으로서 오를 수 있는 최고 자리에까지 올랐습니다.

정화의 아버지와 할아버지는 메카에 순례를 다녀왔을 정도로 독실한 이슬람교도였습니다. 정화도 이슬람교도로서 어린 시절부터 메카로 가는 항해 이야기를 들으며 자랐지요. 부모님을 잃고 연경으로 온 뒤에는 중국어를 배우고 불교로 개종했습니다.

정화는 아랍어와 중국어에 모두 능통하고 이슬람과 중국 두 문화를 두루 이해할 수 있었습니다.

영락제는 정화에게 배 200여 척과 2만여 명의 선원을 주면서 남쪽 바다에 가라고 명령했습니다. 조카 건문제를 몰아내고 황제에 즉위한 영락제는 사라진 건문제를 찾아 후환을 없애고 싶었습니다. 동시에 자신의 정통성을 회복하고 명나라의 위상을 높이기를 원했지요. 정화는 황제의 믿음에 보답하고자 1405년부터 1433년까지 일곱 차례에 걸쳐 대규모 선단을 이끌고 항해에 나섰습니다. 이는 해상 탐험 규모로서는 세계 최대였고, 콜럼버스의 항해보다 87년이나 앞서 진행된 것이었지요.

에스파냐로 간 이탈리아 사람 콜럼버스

1486년 봄, 에스파냐의 이사벨라 여왕 앞에 한 남자가 찾아왔습니다. 남자는 지구가 둥글기 때문에 서쪽으로 계속 가면 인도에 닿을 수 있다고 주장하며 여왕에게 후원을 요청했습니다. 젊은 시절부터 마르코폴로의 《동방견문록》을 읽으며 꿈을 키운 그는 바로 이탈리아 제노바에서 온 크리스토퍼 콜럼버스였습니다.

에스파냐의 이사벨라 여왕은 지구가 둥글다는 것을 익히 알고 있었으며, 평소 친했던 페레스 신부가 콜럼버스를 믿을 수 있다

고 추천하자 그의 항해를 후원하기로 했습니다. 마침 재정복 운동으로 이베리아반도에서 이슬람 세력을 거의 다 몰아낸 에스파냐는 바다로 나갈 준비가 되어 있었습니다. 물론 새로운 향신료 무역로를 개척할 수 있다는 꿈에 부풀어 있었던 것도 중요한 이유였지요.

1492년 4월 17일, 이사벨라 여왕과 콜럼버스는 중요한 약속을 했습니다. 콜럼버스가 개척한 땅은 에스파냐의 땅이며 모든 권리는 여왕의 소유라는 내용이었습니다. 그 대신 여왕은 발견한 지역의 총독 자리를 콜럼버스에게 약속했고 새 땅의 물품에 대한 소유권과 무역 이익 일부를 가질 수 있도록 했습니다. 드디어 콜

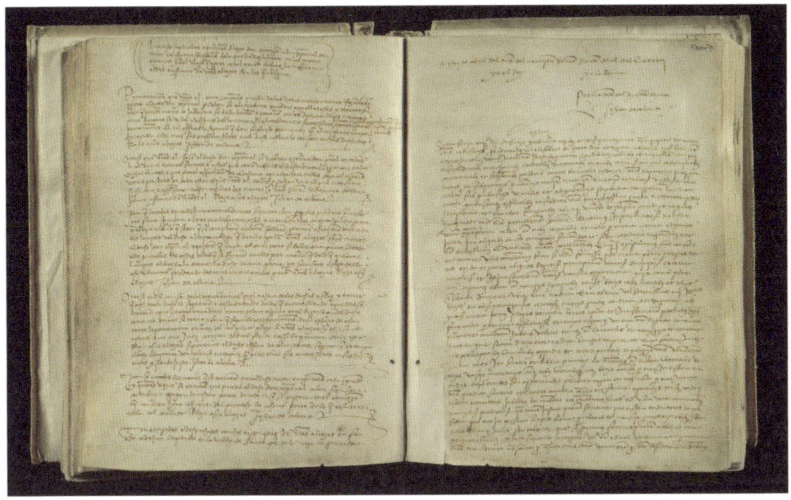

'산타페 협약'은 1492년 4월 17일 산타페 데 라 베가에서 크리스토퍼 콜럼버스와 아라곤 국왕 페르난도 2세, 카스티야 여왕 이사벨라 1세가 맺은 협약이다. 콜럼버스가 같은 해 아메리카 대륙에 처음 도착하게 되는 제1차 항해에 나서기 위한 조건을 규정한 것이다.

럼버스는 1492년 8월 배 세 척에 선원 아흔 명을 태우고 에스파냐의 팔로스항을 떠났습니다.

두 사람이 도착한 곳에 무엇이 있었을까?

정화는 명나라 황제의 위상을 높이고자 한 영락제의 명령을 충실히 수행했습니다. 동남아시아를 거쳐 아프리카 동부에까지 황제의 말을 전했고 많은 나라가 명나라에 조공을 바치러 왔습니다.

중국에서는 기린을 태평성대가 오면 하늘을 나는 상상 속의 동물로 여겼다. 중국인들은 방글라데시로부터 기린을 선물받고는 실물을 보게 되었다.

방글라데시에서는 명나라에 기린을 선물해 큰 화젯거리가 되기도 했지요. 당시 중국에서는 기린을 등에 날개가 달려 있으며 태평성대가 되면 구름에 휩싸여 찾아오는 상상 속의 신성한 동물로 여겼습니다. 실제 기린은 상상 속 기린과 달랐지만 중국 사람들은 전설 속 기린이라고 생각했지요. 영락제는 조공을 바친 사신들에게 엄청난 하사품을 내렸고 원한다면 명나라와 물품을 교역할 수 있게 했습니다.

항해 과정에서 정화는 인도네시아에서 해적을 소탕하기도 했습니다. 스리랑카에서는 불교와 이슬람교를 모두 존중한다는 내용이 담긴 비석을 세워 명나라의 배포를 보여 주었지요.

정화의 항해는 영락제가 죽은 후에도 지속되었지만, 항해로 얻는 이익에 비해 너무 많은 비용이 들어간다는 이유로 많은 신하들의 반대에 부딪히게 되었습니다. 결국 마지막 원정 중에 정화가 배에서 병사하며 그의 항해도 끝이 났습니다.

한편 콜럼버스가 탄 산타마리아호도 1492년 10월 12일 낯선 땅에 도착했습니다. 콜럼버스는 도착한 땅에 구세주라는 뜻으로 '산살바도르'라 이름 붙이고 금과 후추를 찾아다니기 시작했습니다. 콜럼버스는 자신이 도착한 곳이 인도라고 철석같이 믿었습니다. 하지만 섬을 아무리 샅샅이 뒤져도 후추는 어디에도 보이지 않았지요.

당시 후추는 고기를 상하지 않게 오래 보관하고 식재료를 맛있게 먹을 수 있도록 하는 향신료였습니다. 후추만 찾는다면 오스만 제국에 막대한 수수료를 내지 않고 에스파냐가 후추를 독점해 전 유럽의 돈을 끌어모을 수 있었지요. 하지만 콜럼버스는 후추는 물론 금도 발견하지 못했습니다. 그 대신 고추를 발견했지만 그다지 돈이 되는 작물은 아니었지요.

콜럼버스는 이사벨라 여왕에게 편지를 보내 더 많은 지원을 요청했습니다. 콜럼버스는 에스파냐 왕실의 위엄을 높이기 위해 새로 에스파냐 땅으로 만든 섬에 왕실 사람들의 이름을 붙였다는 점을 강조했습니다. 또 새로운 땅에서 앞으로 얻을 경제적 가치와 가톨릭을 전파할 가능성을 설명했지요.

이사벨라 여왕은 새로운 땅을 발견한 콜럼버스를 믿고 두 차례나 더 지원했지만 별다른 소득이 없자 콜럼버스의 총독 지위를 박탈했습니다. 에스파냐 사람들은 엄청난 돈을 쓰고도 후추를 찾지 못한 콜럼버스를 허풍쟁이라 비난했고 피 같은 세금을 빨아먹었다고 조롱하며 '모기 제독'이라 부르기도 했지요. 콜럼버스는 1504년까지 이어진 네 차례 항해에서도 후추를 발견하지 못하고 결국 눈을 감고 말았습니다.

콜럼비아가 아닌 아메리카가 된 이유

사실 콜럼버스가 도착한 곳은 인도가 아니었습니다. 콜럼버스와 같은 시대를 살았던 탐험가 아메리고 베스푸치는 콜럼버스가 간 곳이 당시 유럽에 알려지지 않은 새로운 대륙이었다는 것을 확인했습니다. 후대 사람들은 이 땅을 콜럼버스가 아닌 아메리고 베스푸치의 이름을 따서 아메리카라고 불렀습니다.

콜럼버스의 항해 흔적은 지금도 아메리카 곳곳에 남아 있습니

   3부 서로 비슷하게, 서로 다르게

에스파냐 세비야 대성당 안에 위치한 콜럼버스의 무덤.

다. 서인도 제도와 컬럼비아주라는 지명이 남아 있으며, 아메리카 대륙에 사는 원주민은 인도 사람이라는 뜻으로 인디언이라고 불렸지요. 지금은 인도에 사는 사람과 구분하기 위해 아메리칸 인디언이라고 부르지만, 한동안 콜럼버스의 오해는 많은 이들을 헷갈리게 했습니다.

낯선 곳을 탐험하는 일은 두려움을 이겨 내야 하는 용감한 도전입니다. 명나라의 정화는 어떤 곳으로 가게 될지 알 수 없는 상황에서 동남아시아와 인도를 넘어 아프리카까지 갔습니다. 콜럼버스는 얼마나 걸릴지도 알 수 없는 상태에서 희망의 목적지를 찾아 대서양을 건넜지요. 두 사람은 목숨을 걸어야 하는 험난한 바다 너머 세상으로 나아갔습니다. 그들의 용기 있는 항해는 새로운 세상과 만나고자 하는 인간의 끊임없는 노력이었습니다.

용감한 개척자일까, 잔인한 침략자일까?

미국에서는 매년 10월 두 번째 월요일을 '콜럼버스의 날'로 지정해 기념한다. 유럽인으로는 처음 아메리카에 상륙한 콜럼버스의 탐험 정신을 기리기 위해서다. 미국인에게 콜럼버스는 용감한 개척자이지만, 아메리카 원주민에게도 그랬을까? 콜럼버스가 도착한 뒤 아메리카는 유럽에서 넘어온 전염병과 유럽인들의 가혹한 착취에 시달렸다. 아메리카 인구의 90% 이상이 줄어들었을 정도로 원주민들에게 콜럼버스의 상륙은 재앙이 되었다. 이후 찾아온 유럽인들로부터 금과 은을 빼앗겼으며, 플랜테이션 농장 경영으로 식량 생산에도 어려움을 겪게되었다. 베네수엘라나 콜롬비아 등 라틴 아메리카에서는 콜럼버스가 상륙한 날을 '원주민 저항의 날'로 바꾸었고 미국 여러 지역에서도 '원주민의 날'로 바꾸어 가고 있다.

바다에서 길을 잃은 사람들,
하멜과 문순득

정화와 콜럼버스의 항해 이후 바다를 항해하는 일이 쉬워졌을까? 이후 수많은 항해자가 바다로 나갔지만, 여전히 쉽지 않았다. 1653년 일본 나가사키로 가던 네덜란드인 하멜과 1801년 흑산도로 홍어를 사러 가던 문순득은 뜻밖의 여행을 하게 되었다. 네덜란드 동인도 회사의 선원이었던 헨드릭 하멜은 스페르베르호를 타고 일본의 나가사키로 가다가 폭풍우에 휩쓸려 제주도에 도착했다. 당시 조선은 국방 기밀 때문에 이방인들을 돌려보내지 않았고 하멜은 약 13년간 조선에 잡혔다가 일본으로 탈출했다.

한편 조선의 문순득은 여느 때처럼 흑산도에 홍어를 사러 가다가 풍랑을 만나 류큐(현재의 오키나와)로 떠내려갔다. 류큐인의 도움을 받아 조선으로 돌아가던 문순득은 또다시 풍랑을 만나 필리핀까지 떠밀려 갔다. 결국 문순득은 청나라의 육로를 통해 조선으로 돌아왔다.

원치 않게 길을 잃은 하멜과 문순득 덕분에 우리는 과거를 더 생생하게 알 수 있

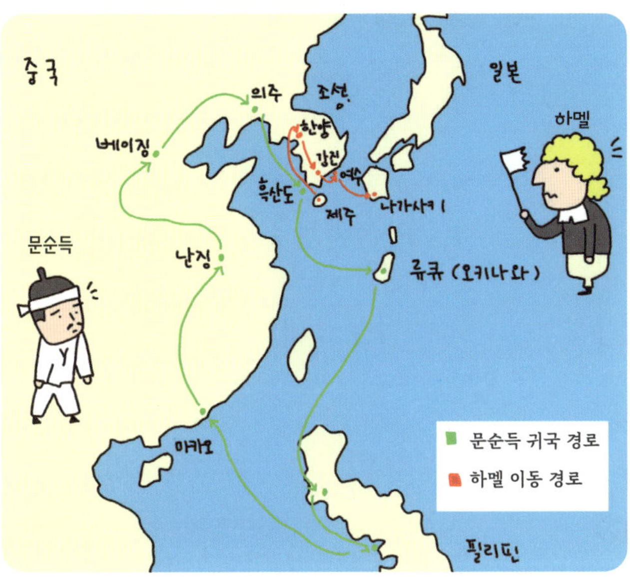

게 되었다. 네덜란드로 돌아간 하멜이 조선에서 있었던 일을 기록한 《하멜 표류기》
는 서양에 조선을 알린 최초의 서적이 되었다. 이 책은 서양인의 눈에 담긴 17세기
조선의 모습을 보여 준다. 문순득은 당시 흑산도에 유배 중이던 정약용의 형 정약
전에게 자신의 이야기를 들려주었고 정약전은 이를 바탕으로 《표해록》을 집필했
다. 《표해록》은 18세기의 중국과 베트남, 오키나와, 필리핀의 언어와 풍속을 보여
주는 체험기가 되었다.

16

무굴 제국의 두 황제

아크바르 1세

vs

아우랑제브

무굴 제국은 16세기부터 19세기까지 오늘날 인도 일대에 존재한 이슬람 제국입니다. 무굴 제국을 대표하는 황제로 아크바르와 아우랑제브를 꼽을 수 있습니다. 아크바르와 아우랑제브는 증조할아버지와 증손자 관계로, 두 사람은 무굴 제국 번영이라는 같은 목표를 가지고 있었지만 제국을 운영하는 방식은 완전히 달랐습니다. 그래서 후대 평가도 큰 차이가 나지요. 사람들은 아크바르를 위대하고 훌륭한 황제라는 뜻인 '대제'라 부르는 반면, 아우랑제브는 많은 사람에게 원망을 사서 부정적인 평가를 받기도 합니다. 무엇이 이런 차이를 만들었는지 지금부터 두 황제에 대해 함께 알아볼까요?

아크바르 1세

- 생몰 : 1542년~1605년
- 국적 : 무굴 제국
- #종교 포용, 지즈야 폐지
  #무굴 제국 제3대 황제
  #대제(the Great Emperor)

아크바르 1세

아우랑제브

아우랑제브

- 생몰 : 1618년~1707년
- 국적 : 무굴 제국
- #종교 탄압, 지즈야 부활
  #무굴 제국 제6대 황제
  #무굴 제국 최대 영토 완성

치열한 권력 다툼

무굴 제국은 16세기 초부터 330년 동안 이어졌던 무슬림 왕조로, 오늘날 인도 대부분과 파키스탄, 아프가니스탄을 지배한 대제국이었습니다. 바부르가 건국한 이후 아크바르 대제 시기에 전성기를 맞았지만 후기로 갈수록 내부 갈등과 전쟁으로 쇠퇴해 갔지요. 황제 자리를 두고도 치열한 경쟁이 벌어졌는데, 아크바르와 아우랑제브 역시 권력을 위해 경쟁자들을 제거하고 황제에 올랐습니다.

아크바르는 무굴 제국의 3대 황제로 2대 황제 후마윤이 갑자기 사망하면서 열세 살에 황제의 자리에 올랐습니다. 초반에는 선대 황제의 충신이었던 바이람 칸이 어린 황제를 대신해 권력을 행사했는데 아크바르가 열여덟 살이 된 뒤에는 바이람 칸의 간섭

제1대(1526년~1530년)	바부르
제2대(1530년~1556년)	후마윤
제3대(1556년~1605년)	아크바르
제4대(1605년~1627년)	자한기르
제5대(1628년~1658년)	샤자한
제6대(1658년~1707년)	아우랑제브

무굴 제국의 황제들(제1대~제6대)

에서 벗어나 직접 통치를 시작했습니다. 아크바르는 의형제였던 아담 칸이 권력을 엿보자 그를 사형에 처하기도 했습니다. 그는 자신의 권력에 도전하는 자는 용서치 않겠다는 것을 만천하에 드러내 보이며 황제권을 강화해 나갑니다.

무굴 제국의 6대 황제 아우랑제브는 무굴 제국을 대표하는 건축물인 타지마할을 건립한 샤자한의 아들이었습니다. 원래는 셋째였기 때문에 황제가 될 수 없었던 그는 황위 다툼에 뛰어들었고 결국 황제의 자리를 차지합니다. 아버지 샤자한까지 아그라성에 가두고 자신의 권력에 조금이라도 방해가 될 만한 가족은 모두 죽여 버렸지요.

두 황제의 서로 다른 통치 방식

아크바르와 아우랑제브는 수많은 사람을 죽이며 자신의 권력을 지키는 데 물불을 가리지 않았습니다. 하지만 아크바르는 후대에 '대제'로 평가받고 아우랑제브는 부정적인 평가를 받습니다. 그 이유가 무엇일까요? 바로, 백성을 통치하는 방식에서 그 차이를 찾을 수 있습니다.

아크바르는 모든 백성이 차별 없이 공정하게 대우받아야 한다고 생각했습니다. 자신은 이슬람교 신자였지만 아크바르는 다른 종교를 차별하지 않고 포용했지요. 그는 힌두교 신자와 가톨릭 신자인 여인들을 아내로 맞이했고 가톨릭 사제가 학교를 짓도록 지원하기도 합니다.

아크바르는 이슬람교도가 아닌 사람들이 가지고 있던 세금 부담을 줄여 주기도 했습니다. 순례세와 지즈야(인두세)를 걷지 않는 것으로 비이슬람교도에 대한 차별을 없앴지요. 세금을 걷어 얻는 경제적 이득은 포기했지만 민심이라는 값진 자산을 얻은 것이지요. 전쟁 포로를 노예로 만드는 관행을 없애고 힌두교 신자를 높은 관직에 임명하기도 했습니다. 힌두교 신자 등 비이슬람교도가 느낄 수 있는 차별을 최소화하여 단합된 무굴 제국을 만들고자 했지요. 아크바르 통치 시기에 펼친 이러한 관용 정책으로 오히려 많은 사람이 이슬람교로 개종하기도 했습니다.

한편 아우랑제브는 '살아 있는 성자'로 불릴 정도로 독실한 이슬람교 신자였습니다. 자신뿐 아니라 백성에게도 엄격한 종교 생활을 강요했고 이슬람교를 제외한 다른 종교는 강력하게 탄압했지요. 아우랑제브 통치 시기 이슬람교를 믿지 않는 사람은 극심한 차별을 받았습니다. 힌두교 사원은 파괴되고 힌두교도는 음악과 춤, 음주 등이 모두 금지되었지요.

특히 사람들에게 가장 원망을 샀던 조치는 아크바르가 없앤 세금인 지즈야를 부활시킨 일입니다. 이 일로 무굴 제국에 심각한 종교 갈등이 일어나 많은 비이슬람교도가 반란을 일으키며 저항했습니다. 심지어 무굴 제국 북부에서 일어난 반란군이 역대

황제의 무덤까지 약탈했고 은으로 만든 타지마할의 대문도 떼어
가 버리기까지 했습니다. 이들의 반란은 아우랑제브가 죽고 난
후에도 사라지지 않고 계속되었지요.

두 황제가 원했던 서로 다른 무굴 제국

인도 역사에서 지혜롭고 현명한 황제로 평가받는 아크바르는 글
을 읽을 줄 몰랐다고 전해집니다. 그 대신 그는 도서관에 책 읽어
줄 사람을 두고 다양한 책으로 공부하면서 학식과 지혜를 키워
나갑니다. 이를 바탕으로 아크바르는 무굴 제국을 안정시키고자
노력했지요.

아크바르 때부터 무굴 제국은 거대한 영토를 가진 제국으로
발전했습니다. 그는 종교에 관심이 많아서 힌두교뿐 아니라 자이
나교와 조로아스터교의 승려, 포르투갈에서 온 가톨릭 사제까지
궁중으로 불러 이야기를 듣기도 했습니다. 무굴 제국 안에서 여
러 종교가 함께할 수 있도록 힘쓴 아크바르의 통치 덕분에 무굴
제국은 정치, 종교, 문화가 발전할 수 있었고 하나의 단결된 국가
로 성장했습니다.

한편 아우랑제브는 사령관으로서 군사적 경험이 풍부했고 매
사에 철두철미한 황제였습니다. 무굴 제국은 아우랑제브의 통치

아우랑제브의 무덤

시기 남인도를 정복하면서 가장 넓은 영토를 차지했는데, 그는 특히 인도 북부와 남부를 연결하는 데칸 지역을 정복하기 위해 열을 올렸지요. 독실한 이슬람교 신자였던 그는 데칸 지역의 힌두교 왕국을 몰아내고 싶은 열망이 컸습니다.

아우랑제브는 1679년부터 사망하는 1707년까지 수도 델리를 떠나 데칸의 천막 궁전에 살면서 제국을 다스렸습니다. 수도 델리에 살던 사람 20만 명이 황제의 원정을 따라 데칸으로 거처를 옮겼고 황제가 떠난 델리는 수도로서 기능을 상실하고 말았지요. 수도에 황제가 없는 상황에서 통치가 제대로 이루어질 리가 없었습니다. 관리들의 부정부패가 만연해지며 무굴 제국은 세력이 기울기 시작했지요. 아우랑제브가 사망한 뒤 무굴 제국은 점차 쇠퇴해 갔고 결국 1857년 영국에 의해 공식적으로 멸망하고 말았습니다.

두 황제에게서 배우는 교훈

역사에서는 흔히 넓은 영토를 차지하고 다스렸던 왕을 '위대하다'고 평가합니다. 그러나 아우랑제브는 천막 궁전에 머무르며 무굴 제국 역사상 가장 넓은 영토를 차지했음에도 많은 사람의 비난을 받았습니다. 종교에 대해서는 심한 차별 정책을 펼쳤고 무리한 정복 전쟁을 수행해 국가 재정을 악화시킴으로써 무굴 제국의 쇠퇴를 앞당겼기 때문이지요.

반면 아크바르는 인도 역사에서 위대한 지배자로 평가받습니다. 그는 영토를 넓히는 일보다 내부의 정치적 안정을 더 중요하게 여겼고, 종교와 문화가 다르더라도 모든 백성이 공존하는 사회를 만들고자 했지요. 그는 종교 차별을 없애고 비이슬람교도에 대한 세금 부담을 줄였으며, 다양한 종교 지도자와 대화하는 등 통합된 무굴 제국을 꿈꾸었습니다. 이러한 아크바르의 통치 아래 무굴 제국은 정치·경제·문화적으로 번영할 수 있었고 그의 관용과 포용 정신은 후대에도 큰 영향을 미쳤습니다.

　나라를 부강하게 만드는 일은 단순히 군사력이 강하거나 넓은 영토를 가지는 것만을 의미하지 않습니다. 다양한 사람이 평화롭게 공존하는 정책을 펼치는 일이야말로 지혜로운 통치라는 것을 아크바르와 아우랑제브 두 황제의 대조적인 삶이 보여 주고 있지요. 강압적인 통치는 반발을 불러오지만, 공존을 위한 노력은 오랜 시간이 지나도 존경받는 법이니까요. 이 가치는 오늘날에도 여전히 유효합니다. 다름을 인정하고 함께 살아가는 가치가 얼마나 중요한지 한번 더 생각해 보게 합니다.

지즈야는 어떤 세금이었을까?

지즈야는 비이슬람교도 성인 남자에게 부과되는 세금이다. 성인 남자 한 사람에게 부과된다고 해서 인두세라고 번역하기도 한다. 비이슬람교도가 자신의 종교를 유지하려면 지즈야를 내야 했으며 당시 지즈야를 냈던 기록을 살펴보면 개인이 감당하기 어려울 만큼 큰 액수였음을 알 수 있다. 그래서 시간이 가면 갈수록 많은 이들이 이슬람교로 개종할 수밖에 없었다.

선택받은 자의 거처
타지마할

아크바르의 손자이자 아우랑제브의 아버지 샤자한은 세 명의 아내를 두었는데 그 중 뭄타즈 마할과 가장 사이가 좋았다. 그러나 17년을 함께한 뭄타즈 마할은 열네 번째 아이를 낳고 목숨을 잃고 말았다.

죽기 직전 그녀는 샤자한에게 자신을 위해 세상에서 가장 아름다운 기념물을 만들어 달라는 유언을 남겼다. 약속을 지키기 위해 샤자한은 주변 국가에서 최고의 장인을 데려와 아름다운 무덤을 만들기 시작했다. 이 건물이 바로 '선택받은 자의 거처'라는 뜻의 타지마할이다.

타지마할은 무덥고 먼지가 많이 날리는 아그라에서 매년 2만 명이 1632년부터 20여 년에 걸쳐 만든 건축물이다.

순백의 대리석으로 만든 타지마할은 이슬람과 인도 건축 양식이 조화를 이룬다. 둥근 모양의 큰 돔과 네 개의 첨탑은 이슬람 양식이었고, 연꽃 무늬는 인도 건축 양식이었다.

타지마할은 인도 아그라에 위치한 이슬람교 묘당으로 1632년~1653년 사이 건립되었다. 세계에서 가장 화려한 건물로 손꼽히는 이 건축물은 무굴 제국 제5대 황제 샤자한이 사랑하는 왕비를 위해 지었으며 이후 샤자한 황제 자신도 타지마할에 묻혔다.

건물 앞에는 천국의 강을 상징하는 정원의 수로가 있었으며 그 수로에 비친 타지마할의 그림자는 완벽한 대칭을 이루었다. 아름다운 타지마할은 지금까지도 전 세계 사람들이 좋아하는 인도의 역사적인 건축물로 남아 있으며 많은 사람이 타지마할을 보기 위해 인도를 방문하고 있다.

절대 왕정 시기 유럽의 두 군주

루이 14세
vs
엘리자베스 1세

여러분은 흔히 '유럽'이라고 하면 어떤 나라가 먼저 떠오르나요? 모두 같을 수는 없겠지만 대부분 프랑스와 영국을 먼저 떠올릴지 모릅니다. 그리고 이 두 나라를 대표하는 군주 루이 14세와 엘리자베스 1세에 대해서도 많이 언급됩니다. 스스로 태양왕이라 칭했던 루이 14세, 잉글랜드 사람 모두를 자기 자식이고 친척이라 이야기했던 엘리자베스 1세 이 두 사람의 이야기를 들으러 함께 떠나 볼까요?

루이 14세

- 생몰 : 1638년~1715년
- 국적 : 프랑스
- #태양왕 #베르사유 궁전 #발레리노

루이 14세  엘리자베스 1세

엘리자베스 1세

- 생몰 : 1533년~1603년
- 국적 : 잉글랜드 왕국
- #처녀 여왕 #무적함대 격파 #해적 여왕

절대 왕정과 재정-군사 국가

프랑스의 루이 14세와 엘리자베스 1세를 절대 왕정 시기를 대표하는 군주라 부릅니다. 하지만 최근 연구에서는 절대 왕정이라는 단어로 영국과 프랑스 그리고 유럽 여러 나라를 하나로 묶는 것이 과연 적절한지에 대한 의문이 제기되기도 합니다. 각 나라의 상황이 모두 달랐기 때문에 절대 왕정이라는 단어로 모든 상황을 단순화하기 어렵다는 것이지요. 그래서 최근에는 이 시기를 재정-군사 국가라고 보는 견해가 있습니다.

재정-군사 국가는 어떻게 등장하게 되었을까요? 16~18세기에는 정치나 종교 등의 이유로 유럽 각 나라 간 치열한 대립이 발생했습니다. 국가 간 경쟁에서 승리하려면 재정이 안정되어야 했고 용맹하게 싸울 군대도 필요했는데 이 과정에서 재정-군사

국가가 등장합니다. 유럽 각국은 영토를 확장하고 식민지를 차지하기 위해 서로 치열한 경쟁에 돌입하지요.

1643년 프랑스의 루이 14세가 다섯 살이라는 어린 나이로 왕위에 오릅니다. 성년이 된 뒤 직접 국가를 통치하기 시작했지만 주변 상황은 여의치 않았습니다. 귀족들을 견제하며 왕권을 강화해야 했고 주변 국가와 외교도 소홀히 할 수 없었습니다. 국가 재정을 안정시키는 일도 중요한 과제였습니다.

국정 과제를 해결하기 위해 루이 14세는 콜베르라는 인물을 재무부 장관으로 기용합니다. 콜베르는 왕의 명을 받아 프랑스 국내 상황을 안정화하는 데 큰 역할을 합니다. 국가 수입을 늘리기 위해 보호 무역을 실시하고 프랑스의 제조업을 발전시키는 데

베르사유 궁전

에도 성공하지요. 탄탄해진 재정을 바탕으로 군사력을 강화한 뒤 프랑스는 여러 전쟁을 치를 수 있게 되었습니다.

루이 14세 하면 그의 시대에 건설된 베르사유 궁전을 함께 떠올립니다. 화려하고 아름다운 베르사유 궁전의 모습은 위엄이 깃든 루이 14세를 생각나게 하지요. 루이 14세는 1648년부터 1653년까지 이어진 프롱드의 난이라는 반란을 겪으면서, 왕권을 강화하려면 귀족들의 힘을 억눌러야 한다고 생각했습니다. 그래서 귀족들을 자주 모이게 해 통제하고 감시하기 위한 정치적 목적으로 베르사유 궁전을 활용했지요.

궁전 안에서 루이 14세는 인간이 아닌 '신'으로 군림하게 됩니다. 베르사유 궁전에 있는 것은 모두 왕이 정한 질서 속에 존재했습니다. 귀족들은 신과도 같은 왕의 눈에 들기 위해 자신을 낮추어야 했지요. 귀족들을 길들이기 위해 루이 14세가 시행한 정책들을 보면 절대 왕권의 면모를 알 수 있지만, 자세히 들여다보면 귀족과 왕 사이에는 훨씬 더 정치적이고 복잡한 이해관계가 자리하고 있습니다. 왕은 자기 권력을 귀족들에게 나누어 주며 스스로 권위를 높이고자 했고 귀족들은 왕에게 충성하며 자신의 지위를 확고히 하려는 것이지요.

역경을 딛고 왕위에 오른 엘리자베스 1세

잉글랜드 왕국의 엘리자베스 1세가 왕이 되기까지의 길은 쉽지 않았습니다. 엘리자베스의 아버지 헨리 8세에게는 여섯 명의 왕비가 있었고 엘리자베스 1세는 헨리 8세의 두 번째 왕비 앤 불린의 딸이었습니다. 이복동생 에드워드 6세가 갑자기 사망하고 헨리 8세의 첫 번째 부인의 딸 메리가 왕위를 잇게 되지만 엘리자베스를 향한 견제는 계속되었습니다. 그녀의 삶은 여전히 불안하고 또 힘들었지요. 언니 메리가 여왕이 된 뒤 역모 사건에 휘말려 런던 탑에 갇히기도 했는데 엘리자베스 1세는 그때가 자신의 인

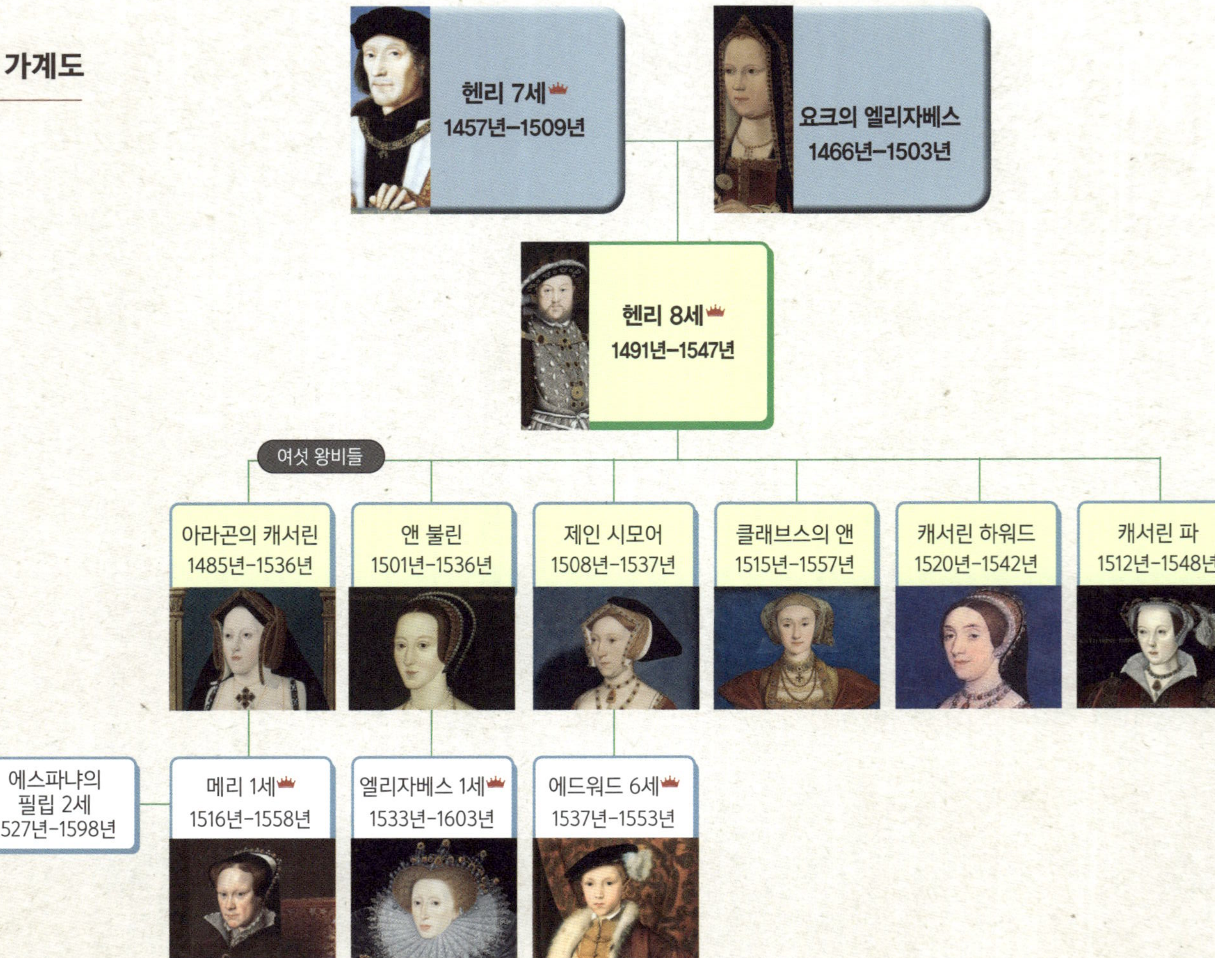

튜더 왕조 가계도
헨리 7세
1457년-1509년
요크의 엘리자베스
1466년-1503년
헨리 8세
1491년-1547년
여성 왕비들
아라곤의 캐서린
1485년-1536년
앤 불린
1501년-1536년
제인 시모어
1508년-1537년
클레브스의 앤
1515년-1557년
캐서린 하워드
1520년-1542년
캐서린 파
1512년-1548년
에스파냐의
필립 2세
1527년-1598년
메리 1세
1516년-1558년
엘리자베스 1세
1533년-1603년
에드워드 6세
1537년-1553년

생에서 가장 힘들었던 시기였다고 말했습니다. 이후 메리 여왕이 후계 없이 세상을 떠나자 드디어 엘리자베스 1세가 왕관을 물려받습니다.

당시 잉글랜드는 종교 문제로 굉장히 혼란스러운 상황이었습니다. 아버지 헨리 8세가 만든 영국 국교회와 가톨릭 간의 대립이 심각했기 때문입니다. 그래서 엘리자베스 1세는 영국 국교회를 확립하면서도 가톨릭교회가 실시했던 의식을 상당 부분 남겨 두었고, 가능한 한 종교 갈등을 중재하기 위해 노력했습니다. 영국 국교회에 대한 사람들의 반발심을 줄이려 했던 것이지요. 그뿐만 아니라 당시 잉글랜드의 심각한 물가 상승 문제를 해결하기 위한 경제 정책을 마련해 시행합니다. 영리하고 과감하기까지 한 여왕의 정책은 잉글랜드를 빠르게 안정시켰지요.

여왕이 국내의 통치에 힘을 쏟던 어느 날 잉글랜드의 귀족들이 엘리자베스 1세를 찾아와 하루빨리 결혼할 것을 요청합니다. 귀족들은 여성으로서 왕위에 오른 엘리자베스 1세를 내심 불안하게 여겼습니다. 주변 국가의 군주와 엘리자베스 1세가 결혼한다면 잉글랜드의 상황이 더 안정되지 않겠냐는 것이었지요. 이때 자신에게 몰려온 귀족들에게 엘리자베스 1세는 이런 말을 남깁니다.

"잉글랜드의 모든 국민이 나의 친척이자 자식이다!"

자신의 말처럼 엘리자베스 1세는 평생 결혼하지 않고 '처녀 여왕'으로 잉글랜드를 통치합니다.

엘리자베스 1세는 '처녀 여왕'이라는 별명 말고도 '해적 여왕'이라는 흥미로운 별명으로도 불립니다. 엘리자베스 1세가 통치하던 당시 잉글랜드는 섬나라의 특성상 해적이 많았는데, 여왕은 해적 왕이라 불리던 드레이크를 포섭해 해상 영향력 확대에 적극 활용했지요. 드레이크에게 피해를 본 에스파냐의 항의에도 아랑곳하지 않고 드레이크에게 귀족 작위를 내리기도 했습니다.

여왕의 적극적인 지지를 받은 드레이크가 자기 능력을 십분 발휘한 전투가 바로 칼레 해전입니다. 당시 에스파냐 함대는 무적함대라 불릴 정도로 유럽 최강이었는데 그런 에스파냐 함대와 맞붙은 전투에서 드레이크는 부사령관으로서 전투를 지휘했고 결국 잉글랜드는 승리를 거둡니다.

이때 엘리자베스 1세는 직접 갑옷을 갖춰 입고 군대 맨 앞에 서서 군의 사기를 북돋아 주었지요. 남편과도 같은 조국 잉글랜드, 자식과도 같은 잉글랜드 백성과 무슨 일이 있어도 함께하겠다는 자신의 말을 몸소 행동으로 보인 것입니다.

루이 14세와 엘리자베스 1세는 각각 프랑스와 영국을 대표하는 군주였습니다. 한쪽은 스스로 태양왕이라 칭하며 강력한 왕권을 갖고자 치밀한 계획과 의도를 가지고 귀족을 견제하고 제압하려 했습니다. 다른 한쪽은 잉글랜드 백성을 자식이라 칭하며 국내 상황을 안정시키고 에스파냐의 무적함대에 맞서 승리를 거두었지요. 두 사람의 삶을 통해 진정으로 강력한 국가 지도자가 되려면 가져야 할 자질이 무엇인지 생각해 보면 좋을 것 같습니다.

직접 무대에 선 발레리노 루이 14세

루이 14세는 다양한 문화 예술 분야에 관심이 많았는데 특히 무용을 좋아해서 하루 두 시간씩 20년 동안이나 춤을 연습했다고 전해진다. 루이 14세는 그중에서도 발레를 각별하게 좋아해서 직접 무대에 오르기도 했다. 루이 14세는 스스로 태양의 신 아폴론 역할을 맡아 귀족들이 자신에게 충성을 맹세하는 장면을 연출했는데 이를 통해 강력한 왕권을 세상에 보여 주고자 했다.

초상화 속
상징과 비유

사진기가 발명되기 전 사람들은 자기 모습을 남기고자 화가를 고용해 초상화를 그렸다. 왕은 초상화를 통해 자신의 위엄을 드러내고자 했고 왕의 초상화 속에는 많은 상징과 비유가 숨겨져 있다.

루이 14세의 초상화에서 루이 14세는 하얀 담비털에 백합꽃 무늬를 수놓은 남색 망토를 입고 있다. 남색은 프랑스 왕실의 색이며 흰색은 프랑스의 왕을 상징한다. 초상화에 전체적으로 보이는 자주색도 왕의 권력을 상징한다. 요즘의 하이힐과 비슷해 보이는 굽 높은 신발은 왕을 우러러보게 하는 장치로 활용되었다. 그뿐만 아니라 루이 14세가 차고 있는 허리춤의 칼과 보석 박힌 왕관 모두 루이 14세의 위엄을 돋보이게 하는 상징적인 물건들이다. 루이 14세는 이처럼 초상화를 이용해 왕의 위엄을 세우고자 했다.

초상화를 통해 군주의 위엄을 보이고자 한 또 다른 왕, 엘리자베스 1세의 초상화에도 많은 상징과 비유가 포함되어 있다. 엘리자베스 1세는 이전 왕들보다 훨씬 더

루이 14세의 초상화(왼쪽). 엘리자베스 1세의 초상화(오른쪽).

많은 초상화를 남겼다. 왕권에 신성성을 부여하는 방법으로 초상화를 적극 활용했기 때문이다. 이 초상화에서 엘리자베스 1세는 굉장히 화려하고 위엄 있는 모습으로 표현된다. 목걸이와 머리 장식의 진주는 순결성을 상징한다. 여왕 뒤편에는 에스파냐의 무적함대를 무찌르는 잉글랜드 해군 모습이 그려져 있고, 지구본에 닿아 있는 여왕의 오른쪽 손가락을 자세히 살펴보면 아메리카 신대륙을 가리키고 있다. 앞으로 에스파냐 대신 잉글랜드가 아메리카 대륙에 영향력을 미칠 것이라는 암시를 초상화에도 담은 것이다.

도서

강용규, 《인물로 보는 중국사》, 학민사, 2006.

강정인 외, 《서양 근대 정치사상사》, 책세상, 2014.

구자룡, 《마지막 황제 푸이와 다섯 여인》, 오카시오, 2021.

구종서, 《칭기즈칸에 관한 모든 지식: 칭기즈칸이즘》, 살림, 2008.

권오신 외, 《미국, 미국사》, 단비, 2021.

권성욱, 《중국 군벌 전쟁》, 미지북스, 2020.

기시모토 미오, 미야지마 히로시 공저/김현영, 문순실 공역, 《현재를 보는 역사, 조선과 명청: 일국사를 넘어선 동아시아 읽기》, 너머북스, 2014.

김광우, 《고흐와 고갱》, 미술문화, 2018.

김광우, 《레오나르도 다 빈치와 미켈란젤로: 르네상스의 천재들》, 미술문화, 2016.

김도언, 《검은 혁명가 말콤 X》, 이룸, 2004.

김덕수, 《그들은 로마를 만들었고, 로마는 역사가 되었다》, 21세기북스, 2021.

김려원, 《미켈란젤로 부오나로티》, 감성기록, 2020.

김용환, 《리바이어던》, 살림, 2008.

김장수, 《마리아 테레지아》, 푸른사상, 2020.

김준봉, 《미국 대통령을 말하다: 조지 워싱턴에서 버락 오바마까지》, 이담북스, 2013.

김형곤, 《조지 워싱턴: 초대 대통령》, 선인, 2011.

김형준, 《이야기 인도사》, 청아출판사, 2006.

나혜석, 《조선 여성 첫 세계 일주기》, 가갸날, 2022.

남무성, 《Paint It Rock》, 북폴리오, 2014.

노명식, 《프랑스 혁명에서 파리 코뮌까지》, 책과 함께, 2011.

니콜로 마키아벨리 저, 강정인 · 김경희 역, 《군주론》, 까치, 2010.

ㄷ

다이앤 스탠리, 《십자군을 물리친 이슬람의 위대한 왕 살라딘》, 미래M&B, 2007.

단죠 히로시 저/한종수 역, 《영락제: 화이질서의 완성》, 아이필드, 2017.

데이비드 문젤로 지음, 김성규 옮김, 《동양과 서양의 위대한 만남 1500~1800》, 휴머니스트, 2009.

디오니시오스 스타타코풀로스, 《비잔티움의 역사》, 더숲, 2023.

ㄹ

로베르 솔레 저, 이상빈 역, 《나폴레옹 이집트 원정기: 백과전서의 여행》, 아테네, 2013.

로베스피에르, 《혁명의 탄생》, 교양인, 2005.

로맹 롤랑, 《미켈란젤로의 생애》, 범우사, 2007.

로저 크롤리, 《비잔티움 제국 최후의 날》, 산처럼, 2015.

루치아 미누노, 《고흐와 고갱》, 시공주니어, 2008.

릴리스, 《그림 쏙 세계사》, 지식서재, 2020.

ㅁ

마이크 곤살레스, 《체 게바라와 쿠바 혁명》, 책갈피, 2005.

마이크 마퀴스, 《밥 딜런 평전》, 실천문학사, 2008.

마테오 리치 지음, 신진호, 전미경 옮김, 《마테오 리치의 중국 견문록》, 문사철, 2011.

문지영, 《국가를 계약하라 홉스&로크》, 김영사, 2009.

ㅂ

바이클 버건, 《비틀즈》, 마음길, 2005.

박단, 《이만큼 가까운 프랑스》, 창비, 2017.

박영택, 《메디치 가문이 꽃피운 르네상스》, 스푼북, 2020.

박병규 · 김선욱, 《항해와 정복》, 동명사, 2017.

밥 딜런, 《바람만이 아는 대답》, 문학세계사, 2016.

방대광, 최익규, 《라틴 아메리카의 독립과 민주화》, 주니어김영사, 2018.

백양, 《맨얼굴의 중국사》 4, 창해, 2005.

ㅅ

사사키 마코토, 《태양왕 루이14세》, 에이케이커뮤니케이션즈, 2023.

서정민갑 지음, 《밥 딜런, 똑같은 노래는 부르지 않아》, 토토북, 2018.

소준섭, 《중국사 인물 열전》, 현대지성, 2018.

손성철, 《역사를 움직이는 힘, 헤겔&마르크스》, 김영사, 2008.

송동훈, 《대항해시대의 탄생(세계사의 흐름을 바꾼 위대한 모험)》, 시공사, 2019.

스티븐 런치만, 《1453 콘스탄티노플 최후의 날》, 갈라파고스, 2004.

시몬 볼리바르, 《독립과 나라 세우기》, 동명사, 2018.

신성곤 · 윤혜영, 《한국인을 위한 중국사》, 서해문집, 2004.

안쩐, 《천추흥망: 명나라》, 따뜻한손, 2011.

앨리슨 위어, 《엘리자베스 1세》, 루비박스, 2007.

양재열, 《에이브러햄 링컨: 제16대 대통령》, 선인, 2011.

에른스트 H. 곰브리치, 《곰브리치 세계사(예일대 특별판)》, 비룡소, 2019.

우지양, 《측천무후》, 학고방, 2011.

유진 로건 지음, 이은정 옮김, 《아랍: 오스만 제국에서 아랍 혁명까지》, 까치, 2016.

이강혁, 《라틴 아메리카 역사 다이제스트 100》, 가람기획, 2023.

이경태, 《애덤 스미스와 칼 마르크스가 묻고 답하다》, 박영사, 2023.

이근혁, 《알렉산드로스와 헬레니즘》, 살림, 2018.

이성형, 《콜럼버스가 서쪽으로 간 까닭은?》, 까치글방, 2003.

이원준, 《검은 대륙의 아버지 넬슨 만델라》, 자음과 모음, 2011.

이재유, 《스미스의 국부론, 인간 노동이 부를 낳는다》, EBS, 2022.

이재유, 《마르크스의 자본론, 자본은 인간을 해방할 수 있는가》, EBS, 2022.

이종호, 《이민자를 위한 시민권, 미국 역사》, 좋은이웃되기운동, 2023.

이정은, 《마키아벨리의 군주론》, EBSbooks, 2022.

이택광, 《반 고흐와 고갱의 유토피아》, 아트북스, 2014.

이희수 외, 《더 넓은 세계사》, 삼인, 2022.

임대희, 《당현종》, 서경문화사, 2012.

임사영 저/류준형 역, 《황제들의 당제국사》, 푸른역사, 2016.

임용한 · 조현영, 《중동전쟁: 전쟁이 끝나면 정치가 시작된다》, 북이십일, 2022.

자크 랑, 《넬슨 만델라 평전》, 실천문학, 2007.

장융전, 《미국이 길러낸 중국의 엘리트들》, 글항아리, 2023.

장융, 《아리링 칭링 메이링》, 뿌리와 이파리, 2021.

장자오청, 왕리건 저/이은자 역, 《강희제 평전》, 민음사, 2010.

장 코르미에, 《체 게바라 평전》, 실천문학사, 2005.

장 클레망 마르탱, 《이야기와 인포그래픽으로 보는 프랑스 혁명》, 여문책, 2022.

전국역사교사모임, 《살아있는 세계사 교과서 1》, 휴머니스트, 2005.

전국역사교사모임, 《처음 읽는 터키사》, 휴머니스트, 2010.

전용갑, 신정환, 황순양, 박영미, 《라틴 아메리카 역사 산책》, HUEBOOKS, 2018.

정유석, 《더 비틀즈 디스코그래피》, 형설라이프, 2014.

정지아, 《인권 운동의 희망 마틴 루터 킹》, 자음과 모음, 2005.

제임스 레스턴, 《이슬람의 영웅 살라딘과 신의 전사들》, 민음사, 2003.

조너선 스펜스 지음, 주원준 옮김, 《마테오 리치, 기억의 궁전》, 이산, 1999.

조승래, 《공화국을 위하여》, 길, 2010.

조한욱, 《소소한 세계사》, 교유서가, 2021.

조한욱, 《마키아벨리를 위한 변명 군주론》, 아이세움, 2015.

존 리드, 《반란의 멕시코》, 오월의 봄, 2023.

존 줄리어스 노리치, 《비잔티움 연대기 1 – 신이 보낸자, 콘스탄티누스》, 바다출판사, 2007.

주경철, 《주경철의 유럽인 이야기: 레오나르도 다빈치, 천사와 악무를 품었던 천재》, 휴머니스트, 2019.

주경철, 《주경철의 근대 유럽인 이야기》, 휴머니스트, 2020.

주명철, 《오늘 만나는 프랑스 혁명》, 소나무, 2013.

주연종, 《영국혁명과 올리버 크롬웰》, 한국학술정보, 2012.

지오프리 파커 지음, 김성환 옮김, 《아틀라스 세계사》, 2004.

차무진, 《알렉산드로스, 미지의 실크로드를 가다》, 아카넷주니어, 2012.

첸강, 후징초, 《유미유동》, 시니북스, 2005.

최경석, 《명화로 배우는 서양 역사 이야기》, 살림, 2014.

카를 브루노 레더, 《사형》, 하서, 2003.

카를로 치플라, 《대포, 범선, 제국》, 미지북스, 2010.

칼 마르크스 저, 김수행 역, 《자본론 공부》, 돌베개, 2014.

케르스틴 뤼커 외, 《처음 읽는 여성 세계사》, 어크로스, 2018.

콜린 존스 저, 방문숙·이호영 역, 《사진과 그림으로 보는 캐임브리지 프랑스사》, 시공사, 2013.

클레이본 카슨, 《나에게는 꿈이 있습니다》, 바다출판사, 2015.

ㅌ

타밈 안사리, 《이슬람의 눈으로 본 세계사》, 뿌리와 이파리, 2011.

ㅅ

프리실라 갤러웨이 외, 《칭기즈칸, 실크로드를 정복하다》, 아카넷주니어, 2011.

플루타르코스, 《플루타르코스 영웅전:그리스를 만든 영웅들》, 숲, 2006.

피터 윗필드, 《세상의 도시》, 황소자리, 2010.

ㅎ

허승일 외, 《인물로 보는 서양고대사》, 길, 2006.

헨드릭 빌렘 반 룬 지음, 《시몬 볼리바르》, 서해문집, 2006.

헨드릭 하멜, 《하멜표류기》, 서해문집, 2003.

홍대선, 《테무진 to the 칸: 실패를 딛고 초원을 평정한 기적의 기록》, 생각비행, 2017.

황충호, 《제왕 중의 제왕, 당태종 이세민》, 아이필드, 2008.

히라카와 스케히로 지음, 노영희 옮김, 《마테오 리치, 동서문명교류의 인문학 서사시》, 동아시아, 2002.

t

tvN 《벌거벗은 세계사》 제작팀 지음, 《벌거벗은 세계사: 인물편》, 교보문고, 2022.

논문

ㄱ

강미경, 〈영국의 여성 참정권 운동과 에멀린 팽크허스트〉, 《복현사림》 39, 2021.

고봉만, 〈루이 14세의 공식 초상화에 나타난 색채, 의복 그리고 상징〉, 《한국프랑스학논집》 97, 2017.

김경일, 〈차이와 구별로서의 신여성 나혜석의 사례를 중심으로〉, 《나혜석 연구》 1, 2012.

김덕수, 〈클레오파트라에 대한 혐오와 로마공화정의 몰락〉, 《서양고대사연구》 64, 2022.

김명희, 〈당·현종의 치세에 관한 일고 – 개원년간을 중심으로–〉, 《역사학연구》 21, 2003.

김성규, 〈'貞觀의 治'와 당 태종의 功臣들〉, 《전북사학》 65, 2022.

김형곤, 〈조지 워싱턴의 꿈의 실현을 위한 준비된 리더십: 대륙군 총사령관 임명을 중심으로〉, 《미국사연구》 37, 2013.

김형곤, 〈에이브러햄 링컨 대통령의 위기관리 리더십〉, 《정치와 공론》 30, 2022.

ㅂ

배수정, 〈엘리자베스 1세의 초상화에 내재된 복식요소의 상징성 연구〉, 《한국가정과학회지》 3, 2000.

ㅅ

사희만, 〈아랍 정치 담화에 나타난 언어와 권력의 상관관계에 대한 분석〉, 《아랍어와 아랍문학》 제15집 2호, 2011.

심종혁, 〈초기 예수회의 교육과 마테오 리치의 선교활동〉, 신학과 철학 제18호, 서강대학교 신학연구소, 2011.

ㅇ

이남희, 〈젠더, 몸, 정치적 권리: 영국 여성 참정권 운동가의 이미지 분석〉, 《영국 연구》 42, 2010.

이남희, 〈민주주의와 성별정치학−영국 여성참정권의 확대를 중심으로〉, 《영국 연구》, 2013.

이남희, 〈영국 여성참정권운동의 전개〉, 《역사비평》 42, 1992.

이행화 외, 〈일제강점기의 조선 신여성 인식에 대한 일고찰−여성잡지 신여성을 중심으로〉, 《일본근대학연구》 21, 2016.

ㅈ

전순동, 〈永樂帝의 北京 遷都와 그 意義〉, 《중국사연구》 65, 2010.

전용갑, 〈식민시대 중남미 예수회 연대기를 통해 본 적응주의 선교전략의 의미와 한계: 호세 데 아코스타의 《인디아스 복음 선교론》에 나타난 '야만인' 개념을 중심으로〉, 《중남미연구》 제40호, 한국외국어대학교 중남미연구소, 2021.

조영헌, 〈북경 천도가 조·명 관계에 미친 영향〉, 《명청사연구》 60, 2023.

ㅎ

허구생, 〈튜더 왕권의 이미지−엘리자베스1세의 초상화를 중심으로−〉, 《영국 연구》 12, 2004.

사진출처

21쪽 〈알프스를 넘는 한니발의 코끼리 부대〉, 야코포 리판다. 퍼블릭 도메인.

29쪽 〈그라쿠스 형제 흉상〉, 장바티스트 클로드 외젠 기욤. 퍼블릭 도메인

61쪽 〈율리우스 카이사르의 죽음〉, 빈센초 카무치니. 퍼블릭 도메인

73쪽 〈여신 이시스에게 공물을 바치는 파라오 복장의 클레오파트라〉. 퍼블릭 도메인

76쪽 〈건릉 사진〉. 퍼블릭 도메인

79쪽 〈측천무후 무자비〉. 필자 제공

81쪽 〈마리아 테레지아의 초상〉, 마르틴 판 마이텐. 퍼블릭 도메인

93쪽 〈성 소피아 대성당〉. 퍼블릭 도메인

93쪽 〈성 소피아 대성당 내부 모습〉. 퍼블릭 도메인

101쪽 〈아소카왕의 돌기둥〉. 퍼블릭 도메인

101쪽 〈아소카왕의 돌기둥 꼭대기의 사자 모양 장식〉. 퍼블릭 도메인

103쪽 〈간다라 양식의 보살상〉. 국립중앙박물관 공공누리 제3 유형

104쪽 〈카니슈카의 금화〉. 퍼블릭 도메인

121쪽 〈안녹산의 난으로 피신하는 현종〉, 구영. 퍼블릭 도메인

130쪽 〈콜럼버스의 메모가 담긴 라틴어판 동방견문록〉. 퍼블릭 도메인

137쪽 〈클레르몽 공의회〉, 장 콜롬보. 퍼블릭 도메인

140쪽 〈리처드 1세 기마상〉. 퍼블릭 도메인 ©Mattbuck

145쪽 〈바위의 돔〉. 퍼블릭 도메인

145쪽 〈예수의 빈 무덤〉. 퍼블릭 도메인 ©Andrew Shiva

145쪽 〈통곡의 벽〉. 퍼블릭 도메인

149쪽 〈모나리자〉, 레오나르도 다 빈치. 퍼블릭 도메인

151쪽 〈피에타〉, 미켈란젤로 부오나로티. 퍼블릭 도메인

157쪽 〈우피치 미술관 내부 사진〉. 퍼블릭 도메인

167쪽 〈리바이어던 표지〉. 퍼블릭 도메인

178쪽 〈95개조 반박문〉. 퍼블릭 도메인

181쪽 〈기독교 강요 표지〉. 퍼블릭 도메인

183쪽 〈제네바의 종교 개혁 기념비〉. 퍼블릭 도메인

187쪽 〈구텐베르크 성경〉. 퍼블릭 도메인

191쪽 〈자금성 건청궁의 모습〉. 퍼블릭 도메인

205쪽 〈산타페 협약〉. 퍼블릭 도메인

206쪽 〈기린도〉, 심도. 퍼블릭 도메인

209쪽 〈콜럼버스의 무덤1〉. 필자 제공

209쪽 〈콜럼버스의 무덤2〉. 필자 제공

221쪽 〈아우랑제브 무덤 사진〉. 퍼블릭 도메인

225쪽 〈타지마할〉. 필자 제공

230쪽 〈베르사유 궁전〉. shutterstock

237쪽 〈루이 14세의 초상화〉. 퍼블릭 도메인

237쪽 〈엘리자베스 1세의 초상화〉. 퍼블릭 도메인

역사 선생님이 들려주는
세계사 맞수 열전 1

1판 1쇄 발행일 2026년 4월 30일

글 송치중, 민예은, 여의주, 오성찬, 이은홍, 이춘산, 전세원, 황도영 그림 김상민 감수 역사교과서연구소
펴낸곳 (주)도서출판 북멘토 펴낸이 이은아
편집 양다운, 조정우 디자인 퍼플트리, 안상준
마케팅 강보람, 이재희
출판등록 제6-800호(2006. 6. 13.)
주소 03990 서울시 마포구 월드컵북로 6길 69(연남동 567-11) IK빌딩 3층
전화 02-332-4885 팩스 02-6021-4885

bookmentorbooks.co.kr bookmentorbooks@hanmail.net
bookmentorbooks__ bookmentorbooks

© 송치중, 민예은, 여의주, 오성찬, 이은홍, 이춘산, 전세원, 황도영 2026

ISBN 978-89-6319-681-7 43900

• 이 책은 한국출판문화산업진흥원 〈2025년 중소출판사 지원사업 도약 부문 기획안 선정작〉입니다.

인증유형 공급자 적합성 확인 **제조국명** 대한민국 **사용 연령** 8세 이상
KC마크는 이 제품이 공통안전기준에 적합하였음을 의미합니다.
종이에 베이거나 책 모서리에 다치지 않도록 주의하세요.